Duden

99 seichte Fragen für tiefgründige Unterhaltungen zwischen Eltern und Kindern

Von Ralph Caspers

Dudenverlag
Berlin

Fragen über Fragen

Fragen über Fragen

Ralphs Fragen-Zufalls-generator

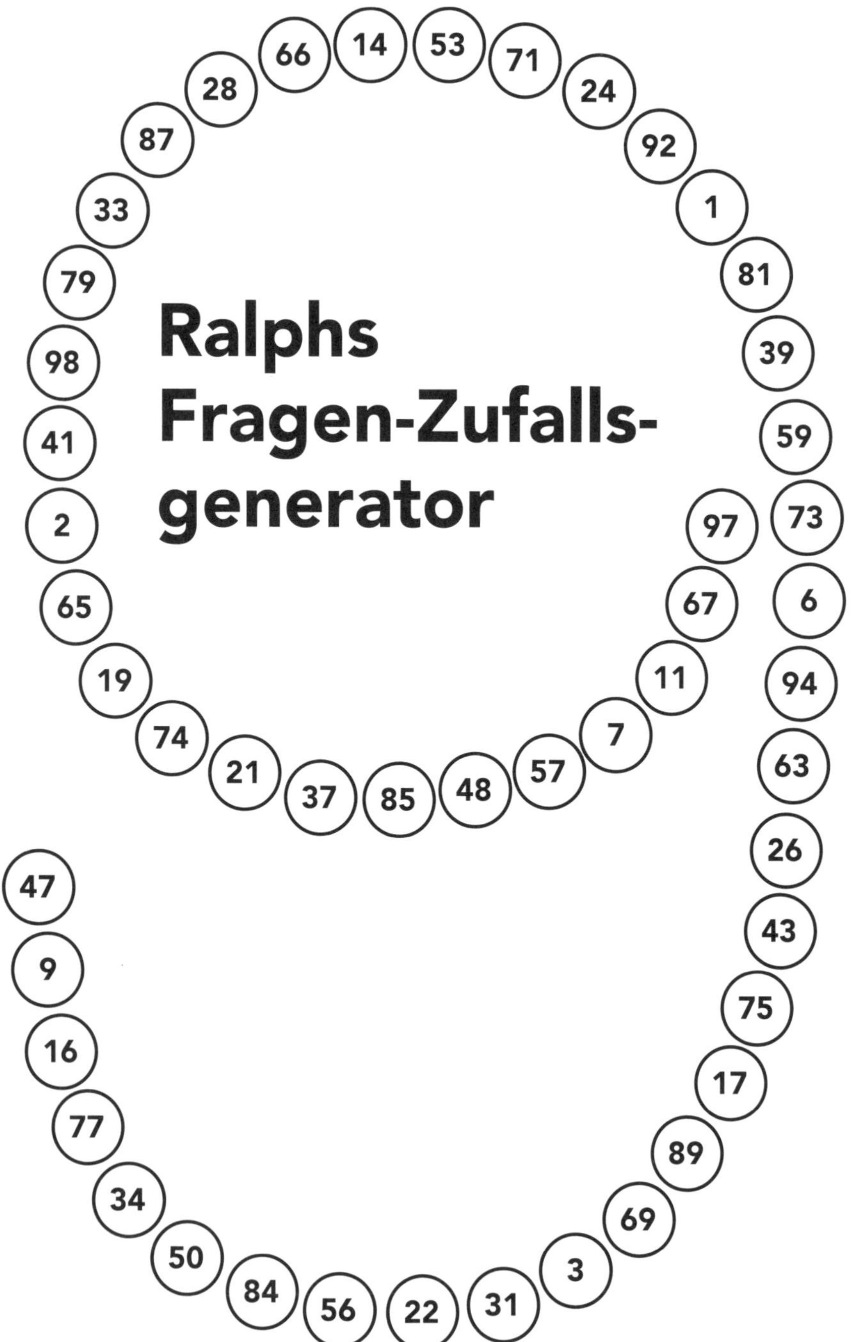

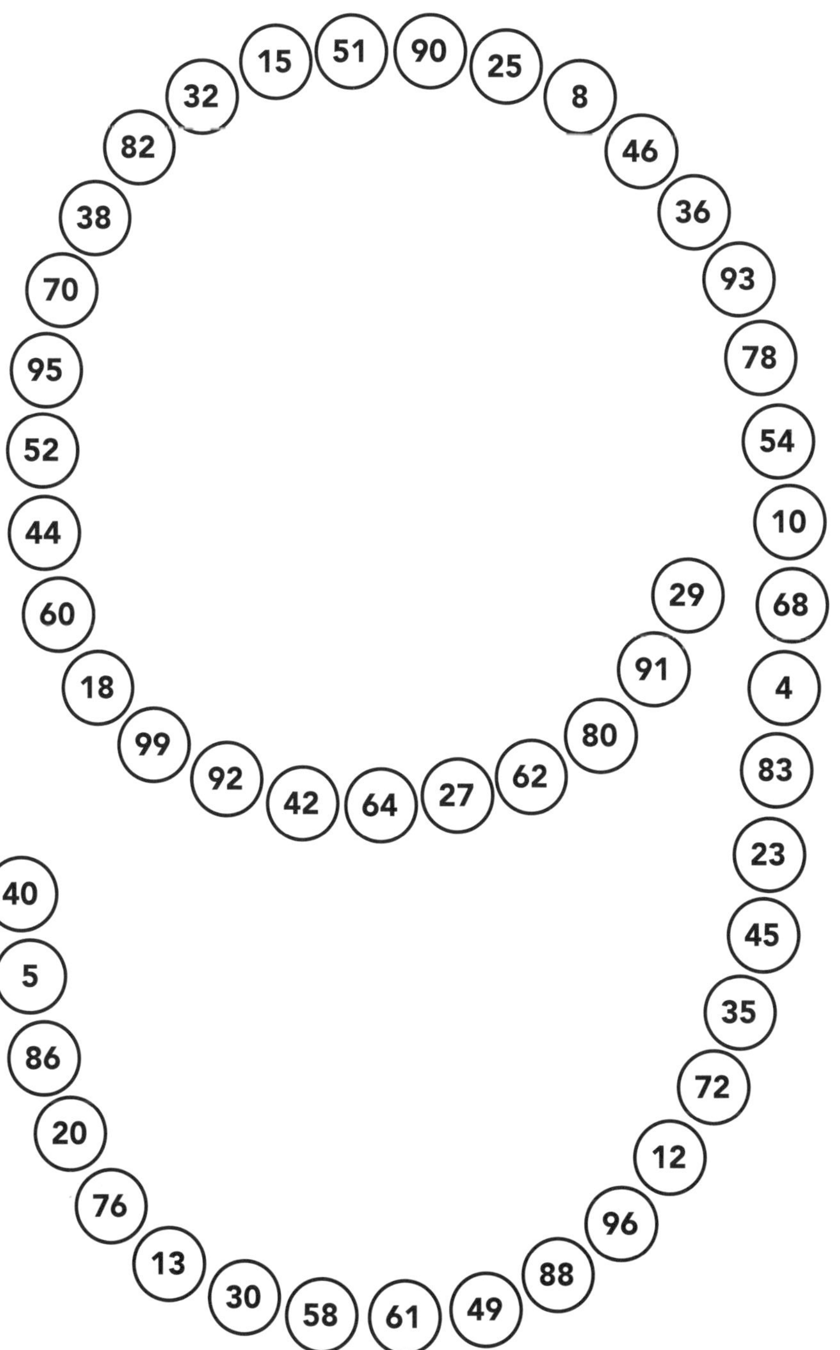

29
91
80
62
27
64
42
92
99
18
60
44
52
95
70
38
82
32
15
51
90
25
8
46
36
93
78
54
10
68
4
83
23
45
35
72
12
96
88
49
61
58
30
13
76
20
86
5
40

1

Wie würdest du dich jemandem vorstellen?

Eins

Hallo! Ich möchte für einen kurzen Moment ernst sein. Nein, Quatsch, ich möchte frank sein und doch lieber Ralph bleiben. Ach, mit Namen kann man so viel Spaß haben. (Ernst und Frank sind Namen - und gleichzeitig Adjektive. „Ernst" bedeutet „bedeutungsvoll", „frank" ist ein anderes Wort für „ehrlich".) Deshalb ist es gut, sich immer kurz vorzustellen, wenn man sich begegnet. Da ist das Eis schon mal gebrochen und dein Gegenüber weiß ein paar grundlegende Dinge über dich - wie zum Beispiel den Namen.

Aber dann? Was verrätst du sonst noch von dir? Was sollen neue Bekanntschaften von dir wissen? Erzählst du eher, was du magst oder was du machst. Wobei ich sagen muss, dass das in Köln, wo ich lebe, kaum einen Unterschied macht. Hier wird „magst" ausgesprochen wie „machst". Ähnlich wie bei „Sport", der hier hauptsächlich als „Spocht" bekannt ist.

Da sieht man mal, was für eine wichtige Funktion so eine Vorstellung hat. Du weißt jetzt auch schon, in welcher Stadt ich wohne. Nach einer Vorstellung kommt man ins Gespräch und lernt sich besser kennen.

Und genau dafür ist auch dieses Buch gedacht. Hier findest du viele seichte Fragen, die dich - mal mehr, mal weniger - zum Nachdenken bringen und die vielleicht sogar dafür sorgen, dass eine Unterhaltung beginnt und man sich gegenseitig besser kennenlernt. Zu jeder Frage schreibe ich einen kleinen Text mit meiner Antwort und in welche Richtung du vielleicht weiterdenken könntest. Das Tolle daran ist: Es gibt keine falschen und richtigen Antworten. Allerhöchstens gibt es ein paar tiefgehende Gedanken. Und bei denen wünsche ich dir sehr viel Spaß!

2

Du hast eine Zeitmaschine und kannst sie nur ein einziges Mal benutzen, wohin würdest du reisen?

Zwei

Stell dir vor, du findest bei euch im Keller einen Apparat, auf dem ganz nüchtern „Zeitmaschine" steht. Es gibt ein paar Drehregler, mit denen du das Zieldatum einstellen kannst, daneben befindet sich eine große Start-Taste, und du siehst eine Anzeige für die Batterieladung, aus der ganz klar ersichtlich wird, dass noch genug Energie vorhanden ist für genau eine Zeitreise. Wirst du die Zeitmaschine dieses eine Mal benutzen? Wenn ja, welches Datum wirst du einstellen?

Ich würde vielleicht April 1912 wählen. Bevor die Titanic in See sticht, könnte ich die Menschen warnen und so verhindern, dass über 1500 Leute sterben und ein unglaublich kitschiger Film über dieses Unglück gedreht wird. Aber wahrscheinlich würde mir sowieso niemand glauben.

Lustiger wäre es bestimmt, einfach nur eine Woche in die Vergangenheit zu reisen und alle, die ich kenne, auf den Arm zu nehmen, weil ich genau vorhersagen könnte, was sie als Nächstes äußern und tun werden. Außerdem könnte ich mir einen netten Millionengewinn erspielen, weil ich die Lottozahlen schon kenne.

In welche Zeit würdest du reisen wollen? Und warum? Gibt es vielleicht einen Moment, in dem du einem anderen Menschen etwas Blödes gesagt hast, was du gerne rückgängig machen würdest? Oder umgekehrt: Du hast etwas nicht gesagt, was aber vielleicht wichtig gewesen wäre? Da stellt sich natürlich die Frage: Muss man das, was passiert ist, unbedingt ungeschehen machen? Oder gibt es im Jetzt nicht auch Möglichkeiten, eigene Fehler wiedergutzumachen?

Am liebsten würde ich in die Zeit reisen, in der die Batterie der Zeitmaschine noch voll ist. Dann wäre nicht nur ein Zeitsprung möglich, sondern viele.

3

Würdest du lieber jedes Buch auswendig kennen oder jedes Instrument spielen können, sobald du es in die Hand nimmst?

Drei

Für jemanden wie mich ist das eigentlich eine klare Sache. Wie toll fände ich es, durch die Regalreihen der Stadtbibliothek zu streifen und den Inhalt jedes Buchs einfach durch Anfassen zu begreifen. Interessant, wie doppeldeutig das Wort „begreifen“ in diesem Zusammenhang ist! In nur fünf Stunden hätte ich geschafft, wofür ich sonst mindestens fünf Jahre sehr diszipliniert lesen müsste. Ich bräuchte nie wieder langwierig für Prüfungen zu lernen. Vokabeln für alle möglichen Sprachen hätte ich einfach so im Kopf. Schachzüge, Kochrezepte, Origamianleitungen – ich wüsste alles! Ich könnte ganze Enzyklopädien auswendig und hätte auch viel mehr Platz in meinen Regalen, weil dort eben keine Lexikonbände und andere Bücher mehr stehen müssten. Ja, ich könnte sogar Lehrbücher für alle möglichen Instrumente in die Hand nehmen und wüsste, wie ich sie spielen müsste.

Zumindest theoretisch. Praktisch würde mir die Übung fehlen und ich wäre weit davon entfernt, wirklich Musik machen zu können. Denn tatsächlich braucht man Übung, um Spaß mit einem Instrument zu haben. Bis die Finger das tun, was der Kopf von ihnen verlangt, können ein paar Jahre vergehen. Deshalb würde ich lieber jedes Instrument spielen können, das ich in die Hand nehme. Denn Musik zu machen – egal ob allein oder zusammen mit anderen – ist ein großartiger Zeitvertreib. Genauso wie in Büchern zu versinken und darin zu lesen, wie sich eine Geschichte entwickelt, welche Abzweigungen, Überraschungen und Auflösungen sie am Ende bereithält. Wenn ich schon beim Anfassen des Buchs wüsste, wie es ausgeht – das fände ich langweilig. Oder wie siehst du das?

4

Sollte man aufhören, wenn es am schönsten ist?

Vier

Man sollte aufhören, wenn es am schönsten ist.

Seit ich klein bin, habe ich diesen Satz schon so oft von so vielen Menschen in so unterschiedlichen Situationen gehört, dass ich lange nicht infrage gestellt habe, ob das eigentlich richtig ist.

Stell dir vor, du bist zum Essen eingeladen. Jeder Gang schmeckt besser als der vorherige. Dann werden zum Nachtisch - als krönender Abschluss - Schokokugeln serviert. Die Kugeln haben die perfekte Größe. Du nimmst eine Kugel in den Mund, zerknackst die Schokohülle und merkst sofort, dass etwas nicht stimmt: Die appetitlichen Kugeln sind schokolierter Rosenkohl. Fürchterlich! Wer serviert denn so etwas als Dessert! Der bitterliche Rosenkohl ist das Einzige, was du jetzt noch schmeckst. Und du wünschst dir, du hättest aufgehört, als noch alles schön war.

Wenn eine Sache gut läuft und ich beende sie dennoch, dann ist der Grund meistens die Angst vor einer Verschlechterung. Oder die Sorge, dass ich den Höhepunkt erreicht habe und es ab jetzt nur noch bergab geht. Außer beim Achterbahnfahren ist das nie schön. Dann ist dieser Spruch eine tröstende Entschuldigung, etwas abzubrechen.

Auf der anderen Seite kann ich mir ja nicht sicher sein, den Höhepunkt schon erreicht zu haben. Es wäre doch blöd, aufzuhören, nur weil ich denke, es könnte nicht mehr besser werden. Ob es noch schöner wird, finde ich doch nur heraus, wenn ich weitermache.

Hast du schon mal aufgehört, als es am schönsten war? Freiwillig? Wie hat sich das Aufhören angefühlt? Und hast du schon mal weitergemacht, obwohl es gerade richtig schön war? Was ist dann passiert? Hast du dir schon mal gewünscht, du hättest den Nachtisch nicht gegessen? Oder hat er vielleicht am Ende doch irgendwie gepasst?

5

Wie viele Arten kennst du, eine Schleife zu binden?

Fünf

Ja, es gibt mehrere Arten, eine Schleife zu binden!

Ich dachte immer, die Technik, die ich im Kindergarten gelernt habe, wäre die einzige. Knoten in die Schnürsenkel, mit der einen Hand den Schnürsenkel so halten, dass eine Bucht entsteht. (Dieses Wort kannte ich damals noch nicht. Heute weiß ich: Wenn man ein Seil in einem Bogen legt, ohne dass sich das Seil überkreuzt, dann wird das „Bucht" genannt.) Dann das andere Schnürsenkelende um die Bucht herumführen und durch die entstandene Schlaufe drücken. Festziehen. Fertig ist die Schleife. Es gab auch einen Reim dazu: Die Maus baut ein Haus. Dann geht sie um das Haus - und kommt vorne wieder raus.

Diese Art, die Schleife zu binden, habe ich so verinnerlicht und so oft gemacht, dass mir nie in den Sinn kam, es könnte noch eine andere Technik geben. Und dann sah ich, dass meine Cousine ihre Schleifen ganz anders bindet. Mit diesem Reim: linkes Ohr, rechtes Ohr, dann einmal rum und durch das Tor. Oder anders: Meine Cousine formt zwei Buchten und verknotet sie.

Faszinierend, oder? Jahrelang macht man etwas immer auf dieselbe Art und denkt nicht daran, dass es auch anders gehen könnte. Gibt es etwas, das du immer auf die gleiche Weise machst? Könntest du es auch anders machen? Besser? Schöner? Wie schaffen wir es, aufmerksam zu bleiben für die Möglichkeiten, die wir noch nicht kennen?

Inzwischen habe ich sogar noch eine dritte Schleife gelernt: Die Turboschleife ist die schnellste Schleife. Wenn ich eine benutze, dann nur noch die. Das Lustige ist: Obwohl ich drei verschiedene Arten kenne, eine Schleife zu binden, mache ich mir trotzdem nur sehr selten die Schuhe zu.

6

Spock oder Yoda?

Sechs

Es gibt zwei sehr bekannte Weltraum-Erzählungen: „Star Trek" und „Star Wars". Beide klingen ähnlich, sind aber - wie Bayern München und 1860 München - sehr unterschiedliche Vereine. Es gab Zeiten, da konnte man nicht Fan von beiden Klubs gleichzeitig sein.

In beiden Science-Fiction-Universen gibt es viele populäre Figuren. Zwei mit besonders markanten Ohren stechen hervor: Mister Spock, der 1. Offizier auf dem Raumschiff Enterprise, und Meister Yoda, ein Jedi mit einer sehr starken Verbindung zur „Macht". Spock, ein Halb-Vulkanier, benimmt sich immer sehr logisch und vernünftig. Dinge, die anderen Angst machen oder sie verunsichern, kommentiert er nur mit „faszinierend". Yoda, von dem niemand weiß, welcher Spezies er angehört, ist besonnen und weise. Er nutzt eine geheimnisvolle Kraft, die die „Macht" genannt wird. Damit bewegt er Gegenstände, ohne sie zu berühren, oder kontrolliert die Gedanken von anderen.

Du kennst wahrscheinlich beide. Siehst du die Welt eher wie Spock oder wie Yoda? Denkst du, dass unser Verhalten logisch und kontrollierbar ist? Oder sind wir geheimnisvolle Wesen mit einer unerklärlichen Verbindung zum Universum?

Über diese Frage nachzudenken, finde ich total interessant. Manchmal ist es ganz hilfreich, zu wissen, aus welcher Richtung wir auf die Welt schauen. Diese Blickrichtung wirkt wie ein Fotofilter. Der verändert, wie wir die Welt wahrnehmen. Wir können ihn vielleicht nicht ändern, aber wenn uns bewusst wird, durch welchen Filter wir schauen, können wir Erfahrungen anders einordnen. Hast du schon mal Situationen mit einem Freund oder einer Freundin erlebt, die sie ganz anders wahrgenommen haben als du? Woran könnte das gelegen haben?

7

Ja oder nein?

Sieben

Ja oder nein klingt wie starten oder abbrechen. Ein „Ja“ hat Lust zu erforschen und zu entdecken, ein „Nein“ ist dagegen eher wie eine rote Ampel.

Ein Freund von mir macht Improvisationstheater. Dabei spielt er zusammen mit einem Kollegen Szenen, die spontan auf der Bühne entstehen, also Szenen, die nicht vorher aufgeschrieben wurden. Oft startet ihr Theaterspiel mit einem Stichwort aus dem Publikum und meistens sind diese Szenen zum Schreien komisch. Als ich mal fragte, was der Trick dabei ist, dass seinem Kollegen und ihm spontan auf der Bühne immer etwas Neues einfällt, hat mich seine Antwort sehr überrascht: Er sagte: „Ja, und ...“ Das „Ja“ nimmt auf, was das Publikum oder der andere vorher gesagt hat. Das „Und“ baut darauf auf und führt die Idee weiter. Das kann sie verstärken und vorwärtsbringen. Oder die Idee wechselt die Richtung völlig unerwartet. So kommen die beiden auf die unglaublichsten Einfälle. Würde einer von beiden ständig „Nein“ sagen, dann würden alle Ideen im Keim ersticken.

Mit dem „Ja, und ...“-Prinzip lernen wir auch sprechen. Als Baby brabbeln wir irgendwelche Laute wie „boggo ta“ - und aufmerksame Eltern machen sich einen Spaß daraus und antworten dann zum Beispiel mit: „Ja. Bogota ist die Hauptstadt von Kolumbien.“ (So war das bei uns. Inzwischen kennen meine Kinder auch die Namen anderer Hauptstädte.) Bin ich also eher ein Ja-Typ? Nein. Denn zu allen Ideen „Ja“ zu sagen, bringt keine Idee weiter. Um eine Idee Wirklichkeit werden zu lassen, sei es ein Buch zu schreiben, eine Umweltgruppe zu gründen oder einfach nur den Schreibtisch aufzuräumen, muss man sich genau auf diese eine Idee konzentrieren. Und das geht nur, wenn man in der Zeit zu allen anderen Ideen „Nein“ sagt.

Stimmst du zu oder sagst du Nein?

8

Gibt es Nichts?

Acht

Stell dir vor, ich ersetze „Nichts“ durch ein beliebiges anderes Wort, zum Beispiel „Käse“. Wenn ich frage: „Gibt es Käse?“, und du antwortest „Ja“, dann weiß ich, dass es Käse gibt. Ich könnte zum Kühlschrank gehen und mir ein Stückchen nehmen. Wenn ich das oft genug mache, ist die Antwort auf die Frage nach dem Käse irgendwann „Nein“. Dann ist nämlich kein Käse mehr da, weil ich ihn aufgegessen habe. Wenn da, wo der Käse war, nichts mehr ist - ist das das Nichts?

Dafür würde das englische Wort für „Nichts“ sprechen: „nothing“. Oder etwas anders geschrieben „no-thing“, also „kein-Ding“. Da, wo der Käse war, ist jetzt zwar kein-Käse, aber Luft.

Zurück zum Nichts. Wenn ich frage: „Gibt es Nichts“ und du antwortest „Ja“, dann muss das Nichts - wie der Käse - irgendwo vorhanden sein. Es ist dann also irgendwo. Und wenn etwas „ist“, dann ist es da und kann nicht Nichts sein. Und schon ist da ein wunderbarer Knoten in den Gedanken.

Was ist eigentlich Nichts? Ist es die Abwesenheit von allem, was es gibt? Kann so etwas überhaupt möglich sein? Selbst in den Tiefen des Weltalls gibt es immer noch das ein oder andere Teilchen und auch die vier Naturkräfte haben überall Einfluss. Und wenn das so ist, muss auch etwas da sein, auf das sie Einfluss haben. Wenn etwas da ist, kann da kein Nichts sein.

Das Nichts beschäftigt die Menschen schon seit vielen tausend Jahren, von den ältesten hinduistischen Texten darüber, wie alles entstanden ist, bis hin zur neuesten Teilchenphysik. Menschen, die sich mit dem Nichts beschäftigen, hoffen oft, eine Antwort auf alles zu finden. Zum Beispiel auch auf die Frage: Was war vor uns und vor dem Universum? War da nichts? Kann aus Nichts alles entstehen? Was meinst du?

9

Was sollte uns in der Schule beigebracht werden, das nicht auf dem Lehrplan steht?

Neun

Was steht eigentlich in so einem Lehrplan? Es gibt zum Beispiel in Nordrhein-Westfalen für das Gymnasium 35 solcher Pläne für 35 Fächer. Der Lehrplan für Mathematik ist ein Heft mit 40 Seiten. Darin steht, was die Schülerinnen und Schüler am Ende der Sekundarstufe I gelernt haben und wissen sollten. Außerdem steht in diesem Heft, wie oft und was getestet werden muss und welche Bücher benutzt werden sollten. In Deutschland gibt es in jedem Bundesland ein Ministerium, das verantwortlich ist für die Schulen und für das, was dort beigebracht wird.

Wie das funktioniert, weißt du wahrscheinlich selbst am besten. Gehst du gern jeden Morgen in die Schule? Oder findest du das meiste dort langweilig und unnötig? Wenn ja, warum ist das so? Liegt es daran, wie dir alles beigebracht wird? Oder daran, was dir beigebracht wird?

Würdest du es sinnvoller finden, keine Fächer mehr zu haben und stattdessen in Projekten alles zu lernen, was du brauchst? Welche Projekte könnten das sein? Vielleicht der ganze Erwachsenenkram wie Versicherungen abschließen, Ordner sortieren und Klospülung reparieren. Aber das sind natürlich alles Dinge, die man selbst gut herausfinden kann, wenn man keine Angst davor hat, Fehler zu machen. Dummerweise hat mir ausgerechnet das in der Schule niemand beigebracht. Im Gegenteil: Fehler wurden dort meistens mit einer schlechten Note bestraft.

Am liebsten hätte ich in der Schule gelernt, wie ich die Fächer, die ich langweilig und überflüssig finde, für mich interessant und wichtig machen kann. Was würdest du gern in der Schule lernen?

10

An was möchtest du dich auf jeden Fall in zehn Jahren noch erinnern?

Zehn

Hier ist eine kurze unvollständige Liste von mir:

- Aus heiterem Himmel zu merken, hier und jetzt genau am richtigen Platz im richtigen Moment zu sein.
- Wie ich abends vorlese und alle sofort einschlafen.
- Der Eindruck, ganz woanders zu leben, weil die Wolken aussehen wie eine verschneite Bergkette am Horizont. (Wo ich wohne, gibt es keine Berge.)
- Wie ich mich freue, wenn ich Pink sehe.
- Das schöne Gefühl, Wünsche zu haben, die sich nicht erfüllen.

Was steht auf deiner Liste? Und was sagt deine Liste über dich? Meine Liste sieht so aus, als wäre ich jemand, der sich lieber an Schönes erinnert. Da steht nicht, wie ich angebrüllt wurde, nicht, wie mich jemand angelogen hat, nicht, wie ich hinter dem Fernseher einen alten Teller gefunden habe, der voll war mit Schimmel.

Ich kannte mal jemanden, der sich nur an blöde Situationen erinnerte. Interessanterweise erwartete er bei jeder neuen Gelegenheit, dass wieder etwas Schlimmes passiert. Er sah in allem nur das Schlechte. Und das Schlechte passierte dann auch. Als wären Erinnerungen Fahrscheine, die bestimmen, welchen Zug man nimmt: Den, der dahin fährt, wo es schön ist, oder den, der unterwegs ist zu Ätzend-Hauptbahnhof.

Zu fragen, woran du dich in zehn Jahren noch erinnern möchtest, zeigt dir, was dir gerade wichtig ist oder dir zumindest wichtig erscheint. Ich habe gemerkt, dass ich mich lieber an Schönes erinnere. Blödes vergesse ich vorzugsweise. Das hat den Nachteil, dass ich vielleicht dumme Fehler zweimal mache. Der große Vorteil ist aber, dass ich erstens nicht besonders nachtragend bin. Und zweitens, dass es mir viel bessere Laune macht.

11

Was war dein größter Reinfall beim Kochen oder Backen?

Elf

Mein größter Reinfall war ein Crumble – also Streusel – mit karamellisierten Äpfeln. Für diesen Nachtisch musste ich Zucker in einer Pfanne so heiß machen, dass er flüssig wurde. Leider weigerte sich der Zucker sehr hartnäckig zu schmelzen. Ich dachte, dass vielleicht die Temperatur zu niedrig sei und drehte den Herd bis auf 11. Der Zucker blieb fest. Er änderte nur ein bisschen seine Farbe: von weiß zu schwarz. Die schwarze Farbe kam von der Beschichtung der Pfanne, die nicht für diese hohen Temperaturen geeignet war. Statt die Äpfel mit flüssigem Zucker zu überziehen, dachte ich mir dann, es reicht, sie einfach in dem heißen Zucker zu wälzen. Hauptsache süß.

Ich servierte den Crumble mit den misslungenen Apfelstückchen. Und es dauerte keine fünf Sekunden, bis der Erste die Streusel mit einem lauten, angewidertem „bäach!“ ausspuckte. Etwas überrascht von dieser unerwartet heftigen Reaktion probierte ich ihn auch. Mein ganzes Gesicht zog sich zusammen. Der Crumble-Teig war nicht süß, sondern richtig schlimm versalzen. Die Äpfel waren ungenießbar. Da erst wurde mir klar, was in der Küche geschehen war: Ich hatte Zucker und Salz verwechselt.

Das kann schon mal passieren, denn auf den ersten Blick ähneln sich beide sehr. Sie sind weiß und rieseln. Leider unterscheiden sie sich ansonsten ganz wesentlich. Salz in Zuckermengen ist der Tod für jedes Gericht. Es hätte mir schon beim Heißmachen des „Zuckers“ auffallen können. Zucker wird ab ungefähr 135 Grad Celsius flüssig, Salz dagegen erst ab 800 Grad. Das schafft kein normaler Küchenherd.

Immerhin einen Vorteil hatte dieses Desaster: Niemand möchte mehr von mir bekocht werden. Seitdem werde ich immer zum Essen eingeladen. Dabei bin ich doch lernfähig.

Welche Folgen hatte dein größter Reinfall in der Küche?

12

Was ist das Peinlichste, das du dir vorstellen kannst?

Zwölf

Mir sind schon so viele peinliche Dinge passiert. Die Skala geht vom falsch zugeknöpften Hemd beim Vorstellungsgespräch bis hin zu der richtig wütenden Mail, die ich mal geschrieben habe. Ich kann mich nicht mehr an den genauen Grund erinnern, aber ich weiß, dass ich mich sehr böse und gemein darüber aufgeregt habe, wie unprofessionell dieser Mensch gearbeitet hatte, für den die Mail bestimmt war. Ich hatte meine Verachtung sehr gut auf den Punkt gebracht und war äußerst zufrieden. Aber dann dachte ich mir: „Nein, das darf ich so nicht abschicken!“ Ich habe die ganze Mail sachlich und einigermaßen neutral umformuliert. Ein bisschen stolz auf mich klickte ich auf „Senden“. Während der Computer das Wuuuuuusch-Geräusch machte, das er immer von sich gibt, wenn er eine Mail verschickt, sah ich, dass ich vergessen hatte, meinen ersten bösen Text zu löschen. Der stand also in der Mail noch unter meinem zweiten sachlichen Text. Das war mir total peinlich.

Welche Situationen lösen in dir Peinlichkeit aus? Dieses Unbehagen ist keine schöne Empfindung. Aber Forschende vermuten, dass dieses Gefühl dafür sorgt, eigenes Fehlverhalten zu verbessern und gleichzeitig anderen Menschen mitzuteilen, dass man selbst gemerkt hat: „Oh, hier habe ich etwas ganz Doofes gemacht.“ In Versuchen wurde herausgefunden, dass uns schneller verziehen und wieder vertraut wird, wenn uns ganz offensichtlich etwas peinlich ist.

Macht das dieses Schamgefühl weniger schlimm? Ändert sich eigentlich das, was du peinlich findest? Wenn dir ein Rülpser rausrutscht, ist er dir vor deinen Geschwistern weniger peinlich als vor jemandem, den du anhimmelst? Gibt es Dinge, die nicht peinlich sein sollten, es aber trotzdem sind?

13

Der Wille zählt – wirklich?

Dreizehn

Ich wollte eigentlich etwas ganz Tiefsinniges schreiben.

Hat nicht geklappt - der Wille zählt.

14

Wie viel zählt der Wille wirklich?

Vierzehn

Kommt dir folgender Dialog bekannt vor - vielleicht nicht genau so, aber so in der Art?

„Eigentlich wollte ich dir zum Geburtstag einen ganz leckeren Kuchen backen. Leider habe ich Zucker mit Salz verwechselt. Deshalb gibt es für dich nur diese angebrochene Packung Kekse."

„Ach - der Wille zählt."

Ich stand schon auf beiden Seiten: Ich war mal der mit der dünnen Entschuldigung und auch der, der so tat, als wäre es nicht schlimm.

Was heißt eigentlich „der Wille zählt"? Diese Redewendung bedeutet: Selbst wenn etwas nicht so funktioniert hat, wie es gedacht war, steckte zumindest eine gute Absicht dahinter. Und die reicht schon. Doch wie wäre es, wenn wir nur gute Absichten hätten, aber keine davon jemals umsetzen würden? „Der Wille zählt" klingt nach einer guten Entschuldigung für alle, die viel reden, aber wenig tun. Dabei übertrumpft doch das, was man macht, immer das, was man sagt. Wenn du beispielsweise erzählst, du würdest keinen Kuchen mehr essen, damit ich auch noch ein Stück haben kann - und dann isst du doch alles allein auf und nichts bleibt für mich übrig. Dann hat das, was du tust, mehr Gewicht als das, was du sagst. (Nicht unbedingt mehr als das, was du nach dem Kuchen-Egotrip auf die Waage bringst.)

Wenn man etwas mit „der Wille war da" entschuldigt, dann heißt es eigentlich, dass in Wirklichkeit kein Wille da war, um das, was man machen wollte, auch durchzuführen. Oder es war nicht genug Wille da. Denn wie lautet ein anderer beliebter Spruch? „Wo ein Wille ist, ist auch ein Weg." Ohne dass wir etwas wirklich wollen, würden wir wahrscheinlich nicht den Antrieb haben, unsere Ideen in die Tat umzusetzen. Deshalb zählt der Wille viel. Nur nicht als Entschuldigung. Oder wie siehst du das?

15

Links oder rechts?

Fünfzehn

Wenn ich jetzt flüstern würde, welches Ohr würdest du mir hinhalten, um besser zu hören? Dein linkes oder dein rechtes? Stell dich mal hin und heb ein Bein in die Luft. Welches ist es? Hast du schon mal darüber nachgedacht, ob du bestimmte Bewegungen immer mit derselben Seite deines Körpers machst? Welches Hosenbein ziehst du zuerst an? Welchen Schuh bindest du dir als Erstes? Ist die linke oder die rechte Hand aktiver, wenn du eine Schleife machst? Mit welcher Hand schließt du deine Haustür auf? Von welcher Seite steigst du auf dein Fahrrad. Und wenn du anhältst, ist dann eher dein rechter oder dein linker Fuß auf dem Boden? Hast du eine Lieblingsseite?

In vielen Kulturen war es über Jahrhunderte für alle Menschen klar, dass die rechte Seite die gute Seite ist. Bei den Römern zum Beispiel war „dexter" das Wort für rechts - und gleichzeitig auch für „geschickt", „gnädig" und „glücklich". Links dagegen heißt auf Latein „sinister" - ein Wort, das auch benutzt wurde für „böse", „verkehrt" und „unglücklich". Sprachlich ist das bis heute so. Links hat sehr viele negative Bedeutungen: „jemanden links liegen lassen", „linkisch sein", „mit dem linken Fuß zuerst aufstehen". Ich hatte eine Tante, die immer zu mir sagte: „Ich möchte das schöne Händchen haben", wenn ich ihr zur Begrüßung die linke Hand hingehalten habe. Das wäre im Mittelalter verständlich gewesen, als die Menschen Schwerter in der Rechten hielten - und deshalb diese Hand zur Begrüßung präsentierten, damit alle Tanten wussten: Von dem Neffen geht keine Gefahr aus. Allerdings muss ich mich bis heute sehr konzentrieren, damit ich rechts und links nicht verwechsle. Wie ist es bei dir?

16

Welche geheime Fähigkeit hast du?

Sechszehn

Wenn ich so überlege, welche Fähigkeiten ich überhaupt habe, dann kommt mir das meiste eher nicht so besonders vor. Kennst du das? Es ist manchmal ganz schön schwierig, sich selbst oder die eigenen Fähigkeiten vor anderen Leuten gut zu finden. Und so eine geheime Fähigkeit ist doch etwas, das man gut finden kann. Oder kann eine geheime Fähigkeit auch etwas sein, das aus gutem Grund geheim bleibt? Schließlich kann ich ja schlecht damit angeben, richtig gut in der Nase bohren zu können, einhändig klatschen oder so schielen zu können, dass es aussieht, als würden sich meine Augen unabhängig voneinander bewegen - wie bei einem Chamäleon. Auch dass ich meiner Katze „Sitz!“ und „Platz!“ beigebracht habe, liegt weniger daran, dass ich ganz gut erklären kann, sondern daran, dass sie so verfressen ist.

Es gibt ein geheim gehaltenes Talent, das mir schon oft geholfen hat und bei dem ich sehr froh bin, dass ich es habe: Ich kann mir sehr gut aus langweiligen und nervigen Situationen einen Spaß machen. Ich kann einfach so meine Haltung ändern - von „ich finde alles doof“ hin zu „das ist ja richtig lustig hier“. Wenn zum Beispiel alle Kassenschlangen im Supermarkt so lang sind, dass ich überall Stunden warten muss, dann tue ich so, als wäre ich Teil eines Schlangenrennens und kommentiere genau wie die Kollegen vom Sport, jede Bewegung der einzelnen Schlangen und analysiere Spielzüge und Strategien. Natürlich nur in Gedanken. Das macht mir so viel Spaß, dass ich nicht nur der einzige Mensch bin, der sich am liebsten die längsten Schlangen aussucht, ich werde auch regelmäßig von den Leuten an der Kasse gefragt, was mir denn so gute Laune macht.

Wer außer dir kennt deine geheimen Fähigkeiten? Und wann und wo setzt du sie ein?

17

Was bringt mehr Pech? Sonntag, der 1.? Oder Freitag, der 13.?

Siebzehn

Was genau macht Freitag, den 13., zu einem Unglückstag? Die Häufigkeit ist es nicht, denn Sonntag, der 1., kommt genauso oft vor. Tatsächlich ist es so: Wenn der 1. eines Monats auf einen Sonntag fällt, gibt es in diesem Monat einen Freitag, den 13. Na, wenn das kein Unglückszeichen ist! Dennoch wird jeder Sonntag, der 1., ziemlich gelangweilt von den meisten Menschen aufgenommen.

Liegt es vielleicht am Freitag? Wenn ich schnell tippe, kommt es regelmäßig vor, dass ich statt „Freitag", „Freutag" schreibe. Das „I" und das „U" sind nämlich direkte Tastaturnachbarn. Und Freutag passt auch ganz gut zu einer englischen Redensart, die viel mit Freitag zu tun hat: „Thank God it's friday!" Auf Deutsch: „Gottseidank ist Freitag!" Freitag ist der Tag, der das Wochenende einleitet. Spricht nicht unbedingt für Unglück. Im Islam ist der Freitag außerdem ein Feiertag.

Bringt die 13 vielleicht Unglück? Diese Zahl bekommt zum Beispiel durch das Märchen von Dornröschen einen negativen Geschmack. Es war die 13. Fee, die für viel Unglück sorgte - aus Rache, weil sie nicht zu Dornröschens Fest eingeladen wurde. Gleichzeitig ist die 13 aber in vielen anderen Kulturkreisen eine Glückszahl, wie zum Beispiel im Judentum.

Wer bestimmt eigentlich, was Glück bringt oder nicht? In Italien zum Beispiel hat die 17 den Status der Unglückszahl. Bei den Römern wurde 17 nämlich XVII geschrieben. Stellt man die Buchstaben um, ergibt das „VIXI". Das ist die Vergangenheitsform von „vivere" und heißt auf Deutsch „Ich habe gelebt". Wer gelebt hat, ist tot. Na, wenn das mal kein Pech ist.

Vielleicht sind es weder Freitag, der 13., noch Sonntag, der 1., die Unglück bringen. Vielleicht bringt es einfach nur Unglück, abergläubisch zu sein.

18

Lieber hart arbeiten für einen großen Erfolg oder einen kleinen Erfolg aus dem Ärmel schütteln?

Achtzehn

Die Frage wird etwas einfacher mit einem Beispiel. Spielst du ein Instrument? Stell dir vor, du übst jeden Tag acht Stunden, bis alle Menschen dich auf Konzerten anhimmeln und du weltberühmt bist, weil niemand sonst das härteste aller Rockinstrumente so virtuos beherrscht wie du: das Glockenspiel. Hey, heavy metal.

Oder du dudelst einmal die Woche eine Viertelstunde vor dich hin und alle finden dich irgendwie ganz cool, wie du „Stille Nacht" auf der E-Gitarre spielst beim Singwichteln zu Weihnachten. Und deine Tante packt dir dafür eine Extratüte mit Weihnachtsschokolade ein. Oh, süßer Erfolg.

Welche Vorstellung macht dir mehr Spaß? Gehört für dich vielleicht zu einem Erfolg, egal wie groß oder klein er ist, unbedingt dazu, dass er sich nach harter Arbeit einstellt? Sind der Schweiß und die Tränen wichtige Hürden, die du nehmen musst, damit du einen Erfolg erst genießen kannst? Oder findest du es wichtiger, Freude zu haben bei allem, was du tust?

Vielleicht ist es aber auch so, dass das, was für mich wie harte Arbeit aussieht, dir ganz leicht fällt. Es kann ja sein, dass es für dich nichts Schöneres gibt, als acht Stunden pro Tag Glockenspiel zu üben. Dann ist der große Erfolg eventuell gar nicht Teil des Plans, sondern stellt sich mehr oder weniger automatisch ein.

Gibt es etwas, das du total gern machst und was du sehr gut kannst? Und wenn du etwas gut kannst und gern machst - auch über eine längere Zeit -, fühlt es sich dann an wie harte Arbeit? Oder kommt es dir leicht, wie aus dem Ärmel geschüttelt vor? Wird ein Erfolg kleiner, wenn der Weg dahin größtenteils Spaß gemacht hat? Ist der Spaß auf dem Weg vielleicht die Hauptzutat für einen großen Erfolg? Was meinst du?

19

Was ist der wertvollste Gegenstand, den du hast?

Neunzehn

Das ist einfach: Schreib eine Liste mit allen Gegenständen, die dir gehören und wie viel sie gekostet haben. Dann siehst du sofort, was am teuersten ist - und wie reich du bist. Ist man selbst eigentlich wertvoller, je mehr teure Dinge man besitzt?

Jedenfalls ist so eine Liste unglaublich praktisch. Wenn ein sehr kostspieliger Gegenstand kaputtgegangen ist, dann weißt du sofort, wie viel Geld du benötigst, um ihn zu ersetzen.

Aber: Wenn du etwas ersetzen kannst, ist es dann wirklich richtig wertvoll? Wenn etwas austauschbar ist, dann ist es doch egal, ob man das Original besitzt oder den Ersatz. Das spricht nicht unbedingt für einen hohen Wert, oder? Ist das Wertvollste, das du hast, vielleicht nicht unbedingt das Teuerste? Gehört zum Wert nicht auch, dass etwas selten ist oder sogar einzigartig?

Wenn zum Beispiel deine beste Freundin auf einem Stück abgerissenem Papier dir einen ganz besonderen Satz geschrieben hat, dann ist dieser eine Zettel doch viel mehr wert als alles andere. Du trägst ihn vielleicht jeden Tag in deiner Hosentasche, weil er dir so viel bedeutet. Und wenn dieser kleine Brief aus Versehen irgendwann mitgewaschen wird und du nicht mehr lesen kannst, was deine Freundin geschrieben hat, dann bricht vielleicht eine Welt für dich zusammen. Das nenne ich wertvoll. Sind die wertvollsten Dinge also die, die es nur einmal auf der Welt gibt?

Wenn du wie ich bist, dann hast du den Zettel kopiert, weil du eine Ahnung hattest, dass er sich irgendwann auflösen würde. Diese Kopie ist nicht weniger wertvoll. Du kennst ja die Geschichte des Zettels. Und außerdem musst du jedes Mal lächeln, wenn du den Satz liest: „Du bist das Wertvollste!“ Besser als jede Liste.

20

Was bringt dich jedes Mal zum Lachen?

Zwanzig

Auch wenn du kein Superbösewicht bist, der eine Katze auf seinem Schoß streichelt, während sein Plan, die Weltherrschaft an sich zu reißen, langsam Formen annimmt, hast du vielleicht dennoch den ein oder anderen Grund, warum du lachen musst. Vielleicht ist es ein ganz bestimmtes Katzenvideo. Vielleicht eine Farbe. Es könnte auch ein Geräusch sei. Oder ein Lied. Oder ein Bild. Vielleicht ist es auch einfach nur ein sehr guter Witz.

Lachen ist eine ganz besondere Art von Verständigung. Denn egal welche Sprache ein Mensch spricht, Lachen muss nicht übersetzt werden. Dieser besondere Ausdruck wird auf der ganzen Welt verstanden. Wenn wir lachen, sagen wir, dass wir uns freuen oder etwas lustig finden. Wir können vor Glück lachen oder aus Erleichterung, denn Lachen kann auch dabei helfen, einen unangenehmen Moment zu entschärfen: Du schaust einen Film, die Spannung ist kaum auszuhalten - und dann tritt auf einmal ein Schneemann namens Olaf auf und bringt dich zum Lachen. Du kannst kurz durchatmen und bist bereit für die nächste dramatische Wendung der Geschichte. Lachen ist gut für den Körper: Es baut nicht nur Stress ab, es erhöht auch die Durchblutung und stärkt das Immunsystem.

Mich bringt viel zum Lachen: Wenn ich gekitzelt werde, muss ich lachen. Wenn sich jemand auf ein Furzkissen setzt, muss ich lachen. Wenn mein Sitznachbar einschläft und anfängt zu schnarchen, muss ich lachen. Das war schon in der Schule so. Komischerweise reicht oft nur die Vorstellung oder die Erinnerung an ein Ereignis, damit ich lache. Ist es bei dir auch so? Am zuverlässigsten funktioniert Lachen bei mir, wenn mein Gegenüber lacht. Hast du dich schon mal von Lachen anstecken lassen?

21

Welchen Job würdest du umsonst machen?

Einundzwanzig

In der Schule hatte ich einen Freund, dessen Vater General bei der Bundeswehr war. Dort zu Hause wehte ein anderer Wind als bei uns. Einmal rief ich meinen Freund an, und der General ging ans Telefon. Ich war es gewohnt, dass Menschen ihren Namen sagten, wenn sie den Hörer abnahmen. Er aber meldete sich nur mit „Hallo?". Es hatte mich total fasziniert, dass er es schaffte, diese einfache Frage wie einen Befehl klingen zu lassen. Ganz naiv - und unsicher, ob ich mich vielleicht verwählt hatte - fragte ich zurück: „Wer ist denn da?" Die Antwort walzte mich nieder: „Rufe ich an? Oder rufen Sie an? Sie sagen mir jetzt erst mal Ihren Namen und dann nenne ich Ihnen eventuell meinen." In dem Moment wusste ich, dass ich die richtige Nummer gewählt hatte.

Im Unterschied zu allen anderen Familien war es dort üblich, dass jeder, der als Übernachtungsgast seines Sohns bleiben wollte, etwas arbeiten musste: Rasen mähen, Garage aufräumen oder Auto staubsaugen. Der General hatte da ganz klare Vorstellungen. Übernachtung und Frühstück gab es nicht einfach so. Das waren die ersten Jobs, die sich für mich anfühlten, als würde ich sie umsonst machen. Dabei war es wahrscheinlich umgekehrt: Es war das erste Mal, dass ich für meine Arbeit etwas bekam - auch wenn es kein Geld war.

Und so ist es vielleicht mit vielen Jobs, die man auf den ersten Blick umsonst macht. Man wird ja nicht immer nur mit Geld bezahlt. Manchmal bekommt man stattdessen Anerkennung, Dankbarkeit oder Lob. Aber würde dir das reichen? Müsste die Arbeit dann in jedem Fall Spaß machen? Sollten die Leute nett sein, für die du arbeitest? Wie lange würdest du das mitmachen? Würdest du viele Jahre das Bad putzen, Essen kochen, bei den Hausaufgaben helfen, ohne dafür etwas zu bekommen?

22

Können Zwillinge an unterschiedlichen Tagen Geburtstag haben?

Zweiundzwanzig

Menschen, die dieselben Eltern haben und die während derselben Geburt auf die Welt gekommen sind, werden Zwillinge genannt.

Es gibt Zwillinge, die aus zwei Eizellen entstanden sind, die von unterschiedlichen Samenzellen befruchtet wurden. Diese zweieiigen Zwillinge unterscheiden sich voneinander wie andere Geschwister auch: Sie können verschiedene Haarfarben haben, sie können verschiedene Körpergrößen haben, sie können verschiedene Geschlechter haben. Nur das Alter ist auf jeden Fall bei ihnen gleich.

Dann gibt es Zwillinge, die sich während der ersten Zeit der Schwangerschaft aus einer Eizelle und einer Samenzelle entwickelt haben. Eineiige Zwillinge sind die Zwillinge, die in Büchern und Filmen gerne für Verwechslungsgeschichten herhalten müssen, denn sie besitzen die gleichen Erbanlangen. Das bedeutet, sie haben in der Regel dieselbe Haarfarbe, dieselbe Körpergröße und dasselbe Geschlecht. Sie ähneln sich üblicherweise wie ein Ei dem anderen. Und natürlich haben auch sie dasselbe Alter.

Haben sie auch immer am selben Tag Geburtstag? So eine Geburt kann ja dauern. Auch eineiige Zwillinge kommen normalerweise nicht gleichzeitig auf die Welt, sondern nacheinander mit einem zeitlichen Abstand. Schon zehn Minuten reichen locker aus und jeder der Zwillinge hat in unterschiedlichen Jahrtausenden Geburtstag: der eine am 31. Dezember 1999 um 23.55 Uhr, der andere am 1. Januar 2000 um 0.05 Uhr.

Was ist vielleicht sonst noch möglich, von dem du dachtest, es sei ganz und gar ausgeschlossen?

23

Was war bisher dein bester Urlaub?

Dreiundzwanzig

Wahrscheinlich musst du erst mal überlegen, was genau zu einem guten Urlaub gehört. Urwald ist dafür nicht unbedingt nötig. Aber vielleicht Meer? Oder lieber Berge? Oder ist der Urlaubsort egal, solange du nur weit weg von zu Hause bist? Wird der Urlaub besser, wenn du die Sprache des Landes sprichst, in das du verreist bist? Oder ist es dir egal, weil du, wie der Rest der Welt, mit Englisch überall gut zurechtkommst oder weil du dich sowieso nur in einer Ferienanlage aufhältst oder weil deine Eltern alles für dich erledigen? Darf der Rest deiner Familie überhaupt mit dabei sein oder fährst du lieber nicht mit den Leuten in Urlaub, die du sowieso das restliche Jahr um dich herum hast? Musst du viel unternehmen und erleben oder ist Ruhe und Langeweile das Richtige für dich? Allein an den Fragen kannst du erkennen, dass es viele verschiedene Arten gibt, Urlaub zu machen - und trotzdem gibt es eine Menge Menschen, die am liebsten immer an denselben Ort fahren.

Vielleicht ist der beste Urlaub der, in dem etwas Einzigartiges passiert. Einmal war ich im Winter in Island und bin abends ins Freibad gegangen. Das Wasser war fast 40 Grad heiß. Es fing an zu schneien und ein Isländer las vom Beckenrand aus Gedichte vor. Ich habe kein Wort verstanden. Auf dem Rückweg ins Hotel traf ich auf Schwimmer, die gerade aus dem eiskalten Wasser der Fossvogur-Bucht stiegen und gestrickte Badehosen trugen. Kurze Zeit später entpuppten sich die grünen Wolken am Himmel als Polarlichter. Das war eine sehr besondere Reise.

An welchen Urlaub erinnerst du dich am liebsten? Und wie machst du das? Schaust du dir Fotos an? Liest du in deinen Tagebüchern? Hast du noch andere Erinnerungsstücke?

24

Gibt es etwas, dass man richtig macht, wenn man es falsch macht?

Vierundzwanzig

Ich hatte mal einen Hund zur Pflege, den ich wirklich gut versorgt habe. Er musste nie Hunger leiden. Als seine Besitzer ihn nach zwei Wochen abholten, war der Hund doppelt so schwer geworden. Hatte mir aber auch niemand gesagt, dass Hunde immer weiter fressen, selbst wenn sie voll sind.

Es ist also möglich, etwas richtig zu machen - Hund füttern - und es damit falsch zu machen - Hund fett füttern. Kann ich aber auch etwas falsch machen, und es ist dann richtig?

Was heißt „richtig" und „falsch"? Vielleicht bedeutet, etwas richtig zu machen, dass ich ein Ziel habe und es erreiche. Und sollte ich dieses Ziel nicht erreichen, dann habe ich etwas falsch gemacht. Alexander Fleming zum Beispiel war Wissenschaftler und hatte vor dem Sommerurlaub sein Labor nicht richtig aufgeräumt. Dass das falsch ist, weißt du vielleicht, wenn du schon mal Essensreste ein paar Wochen in deinem Zimmer liegen gelassen hast. Die schimmeln irgendwann und können fürchterlich stinken. Als Alexander Fleming nach seinem Urlaub wieder ins Labor kam, war genau das passiert: In einer Schale mit Bakterien hatte sich auf der Nährlösung Schimmel gebildet. Statt dass Fleming jetzt das Richtige tat und die Schale einfach entsorgte, schaute er sie sich genauer an und sah, dass sich rund um den Schimmel keine Bakterien vermehrt hatten. Mit dieser Entdeckung der Penicilline, so werden die bakterienfressenden Schimmelpilze genannt, legte er den Grundstein für Antibiotika - also für Medikamente, mit denen man Bakterien, die Krankheiten auslösen, bekämpfen kann. Er ist wahrscheinlich der einzige Mensch, der seinen Kram nicht wegräumte und dafür einen Nobelpreis bekam.

Welche Fehler haben dich schon mal auf neue Gedanken und Ideen gebracht?

25

Wie viele Sandkörner muss ich von einem Sandhaufen nehmen, damit der Haufen kein Haufen mehr ist?

Fünfundzwanzig

Zeit für ein kleines Experiment - ein Haufen-Experiment. Hilfreich ist ein Katzenklo. Nicht wegen der Haufen, sondern wegen des Katzenstreus. Du kannst diesen Versuch aber auch gern im Kopf machen, als Gedanken-Experiment.

Stell dir vor, du nimmst einen Haufen Katzenstreu in die Hand. Am besten unbenutztes. Dieser Haufen besteht aus ganz vielen Sandkörnern. Eines dieser Sandkörner - wirklich nur ein einziges - nimmst du vom Haufen weg. Ist der Haufen jetzt immer noch ein Haufen? Dann nimmst du noch ein Sandkorn vom Haufen weg. Und noch eins. Und noch eins. Hast du immer noch einen Haufen Sand in der Hand. Ich behaupte, ja. Nach und nach nimmst du ganz viele Sandkörner vom Haufen. Irgendwann sind nur noch 5 Sandkörner übrig. Der Haufen ist sehr viel kleiner geworden, aber es ist immer noch ein Haufen, oder? Du nimmst noch ein Sandkorn weg - vier, drei, zwei Sandkörner, dann ist nur noch ein einziges Sandkorn übrig. Hast du jetzt noch einen Haufen Sandkörner in der Hand?

Und was passiert, wenn du zu diesem einzelnen Sandkorn ein zweites Sandkorn legst. Ab welcher Zahl wird aus einem Nicht-Haufen ein Haufen? Oder kann es dazu keine genaue Zahl geben, weil „Haufen" selbst ein ungenaues Wort ist? Das Wort „Haufen" gibt es übrigens auch im Griechischen. Es heißt „sorós" - und davon leitet sich der Name dieses Haufen-Problems ab: Sorites-Paradoxie. Von denen gibt es jede Menge. Meistens dann, wenn Wörter keine genaue Bedeutung haben. Zum Beispiel: Schokoladentafel. Wie viele Stücke musst du abbrechen, damit eine Tafel Schokolade keine Tafel Schokolade mehr ist? Das solltest du direkt in einem Nicht-Gedanken-Experiment ausprobieren.

26

Gibt es wirklich keine dummen Fragen?

Sechsundzwanzig

Schlaue Frage. (Ha, das musste ich jetzt einfach schreiben.)

Es gibt ja die verschiedensten Aktionstage. Sehr gut gefällt mir der „Tag des Schlafes", der immer am 21.6. stattfindet - wenn es am längsten hell ist. Mit diesem Tag soll darauf hingewiesen werden, wie wichtig Schlaf ist. Es gibt auch den Tag der Feuchtgebiete. Jedes Jahr am 2.2. macht die UNESCO darauf aufmerksam, wie wichtig Feuchtgebiete als Lebensraum sind. Am 14.3. gibt es den Tag der Mathematik, um darauf hinzuweisen, wie wichtig Mathematik ist. (Hervorgegangen ist dieser aus dem Pi-Day, der in den USA auch am 14.3. gefeiert wird. Die amerikanische Datumsschreibweise nennt immer den Monat vor dem Tag - drei vierzehn ist der Anfang der Kreiszahl π.) Alle diese Tage beziehen sich auf etwas, das es gibt und das Menschen für wichtig halten. Was hat das mit dummen Fragen zu tun? In den USA wird am letzten Tag im September der Stell-eine-dumme-Frage-Tag begangen. Also muss es dumme Fragen geben.

Aber warum hält sich so hartnäckig, dass es keine dummen Fragen gibt? Wenn ich eine Frage stelle, weil ich etwas nicht weiß, dann gebe ich ja zu, dass ich von einer Sache keine Ahnung habe. Oft ist dann der erste Gedanke: Bevor mich andere für dumm halten, halte ich lieber den Mund und frage nicht. Aber was ist besser: Einen kurzen Moment dumm erscheinen oder ganz lange dumm bleiben, weil man nicht gefragt hat?

Um das Fragenstellen zu ermutigen, weil man durch Fragen Wissen bekommt, gibt es am 28.9. den Stell-eine-dumme-Frage-Tag. Denn Übung macht den Meister.

Es gibt also dumme Fragen. Und es gibt auch überflüssige, langweilige und auch gerade erst geklärte Fragen. Was denkst du: Wie sieht es bei den Antworten aus?

27

Woher weißt du, dass es dich gibt?

Siebenundzwanzig

Deine Hände halten dieses Buch und deine Augen sehen den Text. Oder deine Ohren hören, was gesagt wird, falls du das Buch vorgelesen bekommst. Vielleicht nimmst du sogar wahr, wie die Seiten riechen. Wenn es dich nicht gäbe, dann könntest du nicht fühlen, sehen, hören oder riechen.

Deine Hände, Augen, Ohren, Nase sind alles Teile von dir. Du kannst dich ertasten, du kannst deinen Körper sehen, du kannst hören, wie du atmest, und du kannst dich sogar riechen. Da ist es doch eindeutig, dass du echt bist, oder? Warum sollte irgendjemand daran zweifeln, dass es dich gibt? Es ist ja nicht so, als würdest du träumen und dir das alles einbilden. Wobei - kannst du dir da sicher sein? Wenn du träumst, fühlt sich doch auch alles sehr echt an. Und du merkst im Schlaf nicht, dass du träumst. Wenn du aber nicht merkst, dass du träumst, wie kannst du dir jetzt sicher sein, dass du wach bist?

Darüber hat auch René Descartes vor ungefähr 380 Jahren nachgedacht. Er war ein großer französischer Philosoph, der wusste, dass uns unsere Sinne manchmal täuschen können. Ich habe zum Beispiel schon oft auf der Straße Fremden zugewunken, weil ich von Weitem dachte, ich hätte Freunde gesehen. Wenn unsere Sinne aber unzuverlässig sind, könnte es doch sein, dass alles, was wir für echt halten, es in Wirklichkeit gar nicht ist. Wie in einem Traum. Vielleicht sind auch wir gar nicht echt. Descartes' Antwort war: Selbst wenn nichts echt ist, denken wir aber gerade darüber nach. Und wenn wir darüber nachdenken, dann muss es uns doch geben. Sonst könnten wir nicht darüber nachdenken.

Ich bin jedenfalls froh, dass es dich gibt und du das hier liest. Oder träume ich das vielleicht nur?

28

Kann es Spaß machen, Angst zu haben?

Achtundzwanzig

Angst gehört zu den Gefühlen, mit denen eigentlich niemand etwas Schönes verbindet.

Angenommen, du bist nachts alleine zu Hause und hörst auf einmal Schritte und weißt nicht, wer das sein könnte. Vielleicht Einbrecher? Du erstarrst erst mal und wagst kaum, weiterzuatmen. Fast so wie Tiere, die sich bei Gefahr tot stellen. Denn die meisten Raubtiere reagieren auf Bewegungen. Wer sich nicht bewegt, hat größere Chancen, übersehen zu werden. In deinem Fall hat die Bewegungslosigkeit den großen Vorteil, dass du noch besser auf weitere Geräusche hören kannst. Gleichzeitig fühlt es sich an, als würde dich jemand von innen mit eisigem Wasser übergießen - Adrenalin strömt durch deinen Körper. Dieses Hormon aktiviert deine Kraftreserven. Denn es sorgt dafür, dass dein Herz mehr Blut pumpt, dass sich deine Muskeln anspannen und dass du schneller atmest.

Jetzt halten die Schritte vor deiner Zimmertür. Dank des Adrenalins ist dein Körper gut auf alles vorbereitet: Schmerz fühlst du jetzt nicht und alle nicht-notwendigen Körperfunktionen laufen auf Sparflamme. Du machst dir fast in die Hose - das kann bei großer Angst passieren - und logisches Denken funktioniert gerade nicht so wie sonst. Aber du bist gut darauf vorbereitet, entweder schnell wegzurennen oder wild zu kämpfen. Die Türklinke wird runtergedrückt. Dann erkennst du, dass deine Eltern wieder zu Hause sind und nur leise nachschauen wollten, ob du gut schläfst. Hach, die Erleichterung.

Vielleicht ist das der Grund, warum ich gerne aus Spaß Angst habe. Ich liebe Gruselgeschichten, Spukhäuser und Achterbahnen - vor allem, weil es so ein gutes Gefühl ist, wenn die Angst wieder verschwindet.

29

Lieber auf dem Hügel oder mitten in der Stadt?

Neunundzwanzig

Kurz nachdem sich die Menschen im Vereinigten Königreich für den Brexit entschieden hatten, bin ich für „Die Sendung mit der Maus“ nach London gefahren, um zu zeigen, wie eine englische Familie lebt. Die Stadt war so voll und es gab so viel zu sehen. Ich wusste gar nicht, wohin ich zuerst schauen sollte. Wir waren in Stadtteilen mit Wolkenkratzern, in Vierteln mit ganz dicht gebauten Reihenhäusern und auf Märkten, in denen so viele Menschen einkauften, dass ich sehr froh war, einen Kopf größer als die meisten anderen zu sein. Es war toll, so mittendrin zu stecken. Als nächster Punkt auf unserem Drehplan stand der Nullmeridian beim Royal Observatory in Greenwich. (Wenn du dir mal Landkarten anschaust, siehst du ein feines Netz aus vertikalen und horizontalen Linien. Das sind die Längen- und Breitengrade, mit denen man jeden Punkt auf der Erde genau angeben kann. Durch Greenwich läuft der nullte Längengrad - also die Linie, nach der alle anderen ausgerichtet sind. Dieser Nullmeridian wurde 1884 so festgelegt.)

Das Observatorium war interessant, und es war ein Erlebnis, auf dem Nullmeridian zu stehen - du erkennst ihn an der Messingschiene im Boden und daran, dass alle Touristen ehrfürchtig Fotos davon machen. Aber was mich am meisten beeindruckt hat, war 50 Meter weiter östlich zu sehen: Der Greenwich Park liegt nämlich auf einem Hügel. Von dort oben hast du den allerbesten Blick über London. Die gesamte Stadt liegt unter dir. Wenn es nur eine Postkarte von London gäbe - so sähe sie aus.

Gibt es einen Ort, den du aus so unterschiedlichen Blickwinkeln erleben konntest? Was gefällt dir besser? Mittendrin zu sein oder den Überblick zu haben?

30

Was möchtest du nicht verlieren?

Dreißig

Es gibt so vieles, was ich nicht verlieren möchte: meinen Haustürschlüssel, mein Portemonnaie, meine Brille, meine Orientierung, meine Familie, meine Geduld, meine Erinnerungen, meinen Verstand. Wahrscheinlich fällt dir noch jede Menge mehr ein. Denn alles, was wir haben, können wir verlieren. Das ist so erschreckend, dass ich normalerweise gar nicht darüber nachdenke.

Das Gefühl des Verlusts ist mal mehr, mal weniger groß. Wenn man das Leben verliert, klingt das am allerschlimmsten, denn mit dem Leben verliert man auch alles andere, was man hat. Wenn man tot ist, merkt man aber nichts mehr von den Verlusten - und das ist dann wahrscheinlich gar nicht so schlimm. Außer für die, die dich verloren haben.

Hast du Angst davor, das zu verlieren, was dir wichtig ist? Dinge oder Tiere oder Menschen. Gibt es etwas, das du gegen diese Angst machst?

Im Film „Harold und Maude" verlieben sich der 20-jährige Harold und die 79-jährige Maude. In einer ganz besonderen Szene sind die beiden am Strand, und Harold schenkt seiner großen Liebe Maude einen Ring. Sie freut sich, weil es das beste Geschenk ist, das sie seit Jahren bekommen hat, gibt dem Ring einen Kuss - und wirft ihn ins Meer. Harold ist entsetzt. Maude aber lächelt nur und beruhigt ihn mit den Worten, dass sie so immer weiß, wo der Ring ist.

Verlieben und verlieren liegen sehr nah beieinander - vom „b" müssen nur ein paar kleine Stückchen abbröckeln. Wenn du freiwillig etwas loslässt, kannst du dann noch von „verlieren" sprechen? Verlieren ist doch eigentlich etwas, das unbemerkt und zufällig passiert. Ist das absichtliche Loslassen vielleicht ein Weg, keine Angst mehr davor zu haben, etwas zu verlieren?

31

Hat alles einen Sinn oder ist alles bedeutungslos?

Einunddreißig

Weißt du manchmal nicht, was die richtige Entscheidung ist - ob du zum Beispiel noch bleiben oder dich schon verabschieden sollst. Und dann denkst du dir: „Ich warte jetzt auf ein Zeichen des Schicksals - oder des Universums. Wenn das nächste Auto, das vorbeifährt, schwarz ist, dann bleibe ich noch."

Ist es wirklich so, dass dir das Schicksal einen Hinweis gibt, und hat der dann eine bestimmte Bedeutung? Geschieht alles auf der Welt mit Absicht, und eine höhere Macht gibt allem einen Sinn?

Vor ein paar Jahren haben wir Urlaub in Portugal gemacht. Wir haben im Meer „Mensch gegen Wellen" gespielt. Wir standen im Wasser und versuchten, uns nicht von den Wellen umwerfen zu lassen. Meistens wurden wir einfach weggespült und hatten großen Spaß dabei. Aber jedes Mal, wenn das Wasser es nicht geschafft hat, einen von uns mitzureißen, und wir die Wellen gebrochen haben, hatten wir das Gefühl, die Naturgewalten bezwungen zu haben. Wir kamen uns richtig stark vor.

Irgendwann setzte ich mich in den Sand und schaute den anderen zu, wie sie weiter johlend und triumphierend die Arme hochrissen, wenn sie die Wellen besiegten. Da fiel mir auf, dass das dem Wasser völlig egal war. Es spülte trotzdem an Land, als sei nichts gewesen. Da wurde mir klar, dass nichts in der Natur von sich aus eine Bedeutung mitbringt. Alles ist sinnlos - im wahrsten Sinne des Wortes. Wir selbst geben allem eine Bedeutung. Oder wie Shakespeares Hamlet sagt: „Denn an sich ist nichts weder gut noch schlimm; das Denken macht es erst dazu."[1]

Ist alles sinnlos? Wie hört sich das für dich an? Bedeutet es, dass wir dann allem einen Sinn geben können? Können wir dann frei entscheiden, ob dieser Sinn gut oder schlimm ist? Was meinst du?

32

Wo ist der beste Ort zum Schlafen?

Zweiunddreißig

Um sagen zu können, wo der beste Ort zum Schlafen ist, musst du Orte zum Vergleich haben. Hast du schon mal woanders geschlafen? Zum Beispiel im Bett deiner Geschwister? Oder bei deinen Eltern? Oder ganz woanders?

Als Kind habe ich mich gern ins Hundekörbchen gelegt. Es hatte genau die richtige Größe. Für mich. Denn wenn der Hund kam, wurde es zu eng. Ich habe die Couch ausprobiert, den Boden, die Badewanne. (Da darfst du nur nicht im Schlaf aus Versehen an den Wasserhahn kommen. Ich spreche aus eigener Erfahrung.) Ich habe mal auf einem Segelboot geschlafen – es schaukelte die ganze Nacht und das Wasser plätscherte beruhigend. Ich habe in einem Zelt mitten im Nirgendwo gelegen und den Grillen beim Zirpen zugehört. Ich habe auf dem Trampolin unterm Sternenhimmel geschlafen. Bei den besten Orten ist nicht nur das Schlafen, sondern auch das Aufwachen schön: Wenn ich die Augen öffne und lächeln muss. Das passiert zum Beispiel, wenn ich Schäfchenwolken sehe oder Bäume oder einen Menschen, den ich sehr mag.

Trotzdem schlafe ich am besten in meinem Bett. Das liegt vielleicht auch am First-Night-Effect, dem Erste-Nacht-Effekt. Forschende haben herausgefunden, dass eine Hälfte unseres Gehirns wachsam bleibt, wenn man die erste Nacht an einem ungewohnten Ort schläft. Das ist nicht so erholsam, wie wenn das komplette Gehirn in Tiefschlaf fällt. Meist passiert das erst in der zweiten Nacht, wenn wir uns an die neue Umgebung gewöhnt haben.

An welchen Orten hast du schon geschlafen? Findest du es draußen oder drinnen besser? Ist dir die Umgebung wichtiger als das Bett? Oder ist es egal, wo du schläfst, solange das Bett richtig gemütlich ist?

33

Was denkst du, passiert, wenn du stirbst?

Dreiunddreißig

Achtung, Spoilerwarnung: Wir werden alle sterben. Der Tod gehört zum Leben wie die Geburt - wird nur nicht so groß gefeiert. Vor allem auch, weil die meisten das Sterben mit Verlust verbinden: Stirbt ein Mensch, verliert er sein Leben, und viele andere verlieren diesen Menschen. Das kann sehr traurig sein.

Auch wenn wir nicht so gern über den Tod nachdenken, beschäftigt das Sterben die Philosophen schon seit Langem. Epikur, der vor ungefähr 2300 Jahren in Griechenland lebte, schrieb zum Beispiel, dass es keinen Grund gebe, vor dem Tod Angst zu haben. Wenn wir tot sind, merken wir das nämlich gar nicht. Tatsächlich gehen Forschende davon aus, dass sich der Tod wie eine nahende Ohnmacht anfühlen könnte. Wenn wir sterben, verlieren wir das Bewusstsein. Neueste Forschungen lassen vermuten, dass das Gehör der letzte Sinn ist, der uns verlässt.

Das beantwortet natürlich nicht die Frage, was passiert, wenn wir sterben. Wir gehen ja davon aus, dass die Welt um uns herum auch dann da ist, wenn wir es nicht sind. Aber könnte es nicht sein, dass unser Gehirn diese Welt erzeugt? Wenn wir zum Beispiel Chili-Schoten essen, reizt das Capsaicin in den Chilis bestimmte Nervenendungen. Die Nerven leiten diesen Reiz weiter ans Gehirn. Und das baut sich daraus eine Vorstellung der Welt: Scharf! Jetzt weinen! Vögel haben diese Capsaicin-Rezeptoren nicht. Wärst du ein Vogel, würdest du dich wundern, warum Menschen anfangen zu heulen, wenn sie Chilis essen. Wird vielleicht alles von unserem Gehirn erschaffen wie die Schärfe der Chilis? Und wenn unser Gehirn die Welt erzeugt, könnte es sein, dass sie verschwindet, wenn wir sterben?

34

Kannst du richtig gut streiten?

Vierunddreißig

Einen Streit kann es geben, wenn zwei oder mehr Menschen unterschiedliche Meinungen zu einem Thema haben. Oft sind die Streitenden sehr aufgebracht und mit großen Gefühlen dabei. Das unterscheidet den Streit von einer Diskussion, die sich allerdings zu einem Streit entwickeln kann. Die läuft in der Regel viel sachlicher ab. Bei einem Streit kann es mal lauter werden. Und es kommt vor, dass einiges zu Bruch geht. Geschirr beispielsweise oder Beziehungen.

Es gibt Menschen, die finden Streiten ganz fürchterlich. Das kann daran liegen, dass die eigenen Eltern sich ständig gezofft und angebrüllt haben. Es kann auch sein, dass sie aufgewachsen sind mit dem Satz: „Streitet euch nicht!" Für andere wiederum ist ein Streit nichts Schlimmes, sondern einfach nur eine Gelegenheit, den eigenen Standpunkt klarzumachen und vielleicht etwas über den anderen zu lernen. Wie fühlt sich Streiten für dich an? Eher wie ein Kampf oder wie ein Spiel? Worüber streitest du? Und mit wem?

Was ist überhaupt gut streiten? Bedeutet es, dass du am lautesten rumbrüllen kannst? Dass du die gemeineren Wörter kennst? Dass du auf jeden Fall recht behalten willst - und wenn das nicht mit schlagkräftigen Argumenten funktioniert, dann eben nur mit Schlagkraft? Oder bedeutet gut streiten, dass sich alle an bestimmte Regeln halten. Diese Regeln könnten sein: Ausreden lassen. Nicht schlagen. Beim Thema bleiben. Nachfragen, zum Beispiel: „Habe ich das richtig verstanden, dass du ..." Wohlwollend sein und das Gesagte positiv deuten. Zur Not eine Nacht darüber schlafen. Und am besten den Streit auch mal beenden. Fallen dir noch andere Regeln ein?

35

Wenn du dein Idol siehst, gehst du weiter oder fragst du nach einem Selfie?

Fünfunddreißig

Dieser Mensch bedeutet dir wahrscheinlich ziemlich viel. Sei es, weil du das gut findest, was er macht. Sei es, weil du ihn dein ganzes Leben schon kennst - durchs Fernsehen, durchs Internet oder durch Filme. Oder weil du seine Bücher oder seine Ideen großartig findest. Vielleicht ist es auch einfach nur so, dass du seine Musik magst oder die Stimme. Es gibt viele gute Gründe, warum du in einen Menschen fernverliebt sein kannst, der dir eigentlich vollkommen unbekannt ist.

Wenn du diesen Menschen irgendwo triffst, kann es sein, dass du aus lauter Ehrfurchtsschock kein Wort herausbringen kannst. Gibst du dir dann einen Schubs und sprichst dein Idol trotzdem an, obwohl du womöglich nur noch unzusammenhängende Sätze stammeln kannst? Oder zückst du einfach dein Smartphone und machst ein Foto, ohne etwas zu sagen? (Aus eigener Erfahrung kann ich berichten, dass ich Stammeln völlig menschlich und gar nicht schlimm finde. Aber einfach so fotografiert zu werden, als sei ich ein Naturereignis, von dem man unbedingt Bilder machen muss, mag ich überhaupt nicht.)

Aber vielleicht geht es dir wie mir und du möchtest dein Idol überhaupt nicht ansprechen. Denn es könnte ja sein, dass dieser Mensch, dessen Musik du rauf und runter hörst, dessen Bücher du verschlungen hast oder dessen Filme du auswendig mitsprechen kannst, sich als total unfreundlich und widerlich erweist. Würdest du dich ärgern, dass du so einen Menschen irgendwann mal gut gefunden hast?

Aber vielleicht ist dieser Mensch doch unglaublich nett und inspirierend. Fragen kann nie schaden, oder?

36

Was genau ist schön?

Sechsunddreißig

Schließ mal deine Augen. Und dann stell dir etwas vor, das du schön findest.

Woran denkst du jetzt? Verändert sich dein Gesichtsausdruck?

Schön kann vieles sein. Menschen können schön aussehen. Bilder auch. Musik kann sich schön anhören, genau wie die Geräusche, die kleine Katzenwelpen machen. Stoff kann sich schön anfühlen oder auch eine Hand, die dir Wärme gibt. Wenn du ein Geschenk bekommst, kann das schön sein. Schön ist auch, wenn jemand für dich kocht. Wolken, Sternenhimmel, Wellen, Schneeflocken - die Welt ist voll mit Schönem. Neben allem, was wir sehen, hören, riechen, schmecken oder anfassen können, gibt es auch schöne Gedanken oder schöne Ideen. Dir fällt bestimmt noch viel mehr ein.

Wenn du versucht, zu beschreiben, warum etwas schön ist, dann merkst du vielleicht, wie unglaublich schwer dir das fällt. Hat alles Schöne eine Gemeinsamkeit? Vielleicht, dass wir sofort merken, wenn wir etwas Schönem begegnen: Wir lächeln, fühlen uns hingezogen und sind berührt.

Denkst du, Schönes ist immer schön? Oder kann es sein, dass sich Schönheit abnutzt? Wenn du zum Beispiel den ersten Sonnenuntergang am Meer siehst und du umfallen möchtest, weil er so schön ist - denkst du, dass du nach drei Wochen Urlaub mit allabendlichem Sonnenuntergang immer noch dieses Gefühl hast? Ist vor allem Einzigartiges schön? Interessanterweise haben Forschende herausgefunden, dass es zumindest bei Gesichtern nicht so ist. Je durchschnittlicher ein Gesicht ist, desto schöner wirkt es auf die meisten Menschen. Was findest du schön? Besonderheiten oder Gleichmäßigkeit? Oder eine Mischung aus beidem?

Kannst du Schönes in allem entdecken?

37

Sofort loslegen oder erst mal die Anleitung lesen?

Siebenunddreißig

Stell dir vor, du bekommst neue Kopfhörer geschenkt und willst sie sofort ausprobieren - nimmst du dir die Zeit, um die Anleitung zu lesen? Oder denkst du dir: „Was kann da schon schiefgehen?“

Mir macht es Spaß, selbst herauszufinden, wie etwas funktioniert. Ich habe das Gefühl, dass ich dadurch neue Geräte viel besser kennenlerne - und das direkt, während ich sie benutze. Deshalb lese ich Bedienungsanleitungen normalerweise nicht durch. Es kommt allerdings manchmal vor, dass Geräte Funktionen haben, die mir jahrelang verborgen bleiben. Und dann ärgere ich mich über meine Ungeduld, weil zum Beispiel alle Besonderheiten des Kopfhörers in der Bedienungsanleitung standen - so auch, dass sich die Unterdrückung der Umgebungsgeräusche ganz einfach per Knopfdruck ein- und ausschalten lässt.

Anleitungen können auch sehr lustig sein. Hast du schon mal eine Gebrauchsanweisung gelesen und sie überhaupt nicht verstanden? Das kommt manchmal vor, wenn sie aus irgendeiner Sprache ins Deutsche übersetzt werden. Das hört sich dann alles sehr poetisch an, aber es ergibt ansonsten überhaupt keinen Sinn.

Es gibt natürlich auch Situationen, in denen das Durchlesen schon ganz hilfreich ist. Bei Rezepten zum Beispiel. Und neue Spiele machen mir auch mehr Spaß, wenn ich vor der ersten Runde einen Blick in die Spielregeln geworfen habe.

Wann liest du die Gebrauchsanweisung? Und wann nicht? Wünschst du dir manchmal Anleitungen für den Alltag? Etwa: Wie räume ich mein Zimmer richtig auf? Oder wie lerne ich am besten Vokabeln? Hast du für solche Situationen schon mal deine eigenen Anleitungen geschrieben und die vielleicht an andere weitergegeben?

38

Wenn du ein Buch schreiben würdest, um was ginge es?

Achtunddreißig

Ein sehr häufiger Tipp, den junge Autorinnen und Schriftsteller bekommen, lautet: Schreibe das Buch, das du lesen möchtest.

Was möchtest du lesen? Gibt es ein Buch, das dir fehlt? Das ist natürlich nicht leicht zu beantworten - wie kannst du wissen, ob dir ein Buch fehlt, wenn es dieses Buch noch gar nicht gibt? Welche Art Buch würdest du schreiben? Ein Sachbuch, weil du eine bestimmte Sache sehr gut erklären kannst? Welche Ideen hast du, die vielleicht den Lauf der Welt ändern könnten, wenn du sie aufschreiben würdest? Oder würdest du eher einen Roman schreiben? Wovon würde diese Geschichte handeln? Wäre es ein Abenteuer, das dir schon lange im Kopf herumschwirrt? Oder eine Liebesgeschichte? Ein Kriminalfall?

Manchmal stelle ich mir Situationen vor, die mir tatsächlich passiert sind, und ich male mir in allen Einzelheiten aus, wie diese Ereignisse einen ganz anderen Verlauf genommen haben könnten. Das Problem dabei ist: Wenn diese Geschichten schon in meinem Kopf sind, brauche ich sie nicht aufzuschreiben. Ich muss sie nicht lesen, denn ich kenne sie ja. Oder könnte sein, dass so eine Geschichte ein eigenes Leben entwickelt und völlig unvorhersehbare Wendungen nimmt, sobald man anfängt, sie aufzuschreiben? Es gibt Leute, die schreiben einfach los und lassen sich überraschen, wohin sie die Geschichte führt. Andere wissen lieber, wie die Geschichte ausgehen soll und planen erst mal lange, bevor sie überhaupt das erste Wort schreiben. Wie würdest du das machen?

Ich bin auf jeden Fall sehr gespannt und freue mich auf dein Buch. (Ich habe nichts gegen folgende Widmung: „Für Ralph. Der ständig seichte Fragen gestellt hat.“)

39

Wenn du mit deinem kleinen Bruder oder deiner kleinen Schwester tauschen könntest, was würdest du tun?

Neununddreißig

Als großer Bruder habe ich erlebt, was es bedeutet, Dinge als Erster machen zu können: Ich musste mir die meisten Sachen hart erkämpfen. Es war nicht selbstverständlich, dass ich mit Spielzeugpistolen und Plastikschwertern spielen durfte. Oder dass ich abends nach Hause kommen konnte, wann ich wollte. Oder dass ich mit 14 allein ohne meine Familie Urlaub machen konnte. Vor jeder dieser Errungenschaften musste ich lange diskutieren. Es waren eben nicht nur für mich die ersten Male, sondern auch für meine Eltern.

Meine kleinen Geschwister hatten es da sehr viel leichter. Wenn ich mich zum Beispiel morgens nicht gut fühlte und zu Hause bleiben wollte, statt in die Schule zu gehen, dann bekam ich zu hören: „Solange du kein Fieber hast, kannst du gehen.“ Das war hart. Auch das Heißföhnen meiner Stirn war wohl zu offensichtlich. Meine kleine Schwester dagegen brauchte nur einmal kurz zu husten und durfte den Rest der Woche zu Hause bleiben.

Wenn ich Hunger auf Pizza hatte, wurde mir erklärt, wie schlecht diese Art der Ernährung sei. Wollte meine Schwester Jahre später beim Lieferdienst bestellen, hieß es: „Natürlich Schätzchen, das ist eine tolle Idee.“ Auch Eltern lernen dazu.

Hätte ich tauschen können, dann wäre es bestimmt schön gewesen, mir nicht alles erkämpfen zu müssen. Auf der anderen Seite war es aber vielleicht auch ganz gut, das zu lernen.

Wenn du jüngere Geschwister hast - bei welchen Situationen haben sie es leichter als du? Gibt es auch Gründe, nicht zu tauschen? Wie reagieren deine Eltern, wenn du sie auf die ungleiche Behandlung ansprichst? Oder ist bei euch alles sehr gerecht?

40

Wärst du eine gute Lehrerin oder ein guter Lehrer?

Vierzig

Lehrer und Lehrerinnen können dafür sorgen, dass ihr Fach zu deinem Lieblingsfach wird oder du es für den Rest deines Lebens komplett uninteressant und langweilig findest. Es ist doch unglaublich, dass ein Mensch so einen großen Einfluss darauf hat, ob du zum Beispiel Geschichte total überflüssig findest oder denkst, es gibt nichts Besseres als Mathematik! In Geschichte war alles, was wir gemacht haben, abwechselnd aus unserem Geschichtsbuch vorzulesen, während unser Lehrer an seinem Tisch saß und leise mitgesummt hat. Das war der langweiligste Unterricht, den du dir vorstellen kannst. Ich frage mich bis heute, warum mein Lehrer sich für dieses Fach entschieden hatte, wenn es ihm anscheinend total egal war, ob er uns etwas beibrachte oder nicht.

Ist das vielleicht eines der wichtigsten Merkmale einer guten Lehrerin oder eines guten Lehrers - Begeisterung für das, was sie unterrichten? Welche Eigenschaften müssen sie noch haben? Kannst du gut erklären? Kannst du so erklären, dass dir andere gern zuhören? Muss Unterricht unterhaltsam sein? Tatsächlich schadet es nicht, wenn beim Lernen mehrere Sinne gleichzeitig angesprochen werden. (Als ich angefangen habe, meine Moderationstexte auswendig zu lernen, habe ich sie nicht nur mit der Hand auf Karten geschrieben, ich habe sie laut vorgelesen, während ich in meinem Zimmer hin- und hergegangen bin. So habe ich die Texte mit meinen Händen, meinen Beinen, meinen Augen, meinem Mund und meinen Ohren „gelernt".) Was hast du anderen schon mal erklärt und beigebracht? Ist dir das schwergefallen oder war es leicht?

41

Was ist für dich der beste Job der Welt?

Einundvierzig

Wenn dir bei so einer Frage nichts einfällt, hilft es vielleicht, sie von der anderen Seite anzugehen: Was ist der schlimmste Job der Welt?

Ich hatte mal einen Ferienjob, bei dem ich den ganzen Tag kleine Metallstücke auf ein Gitter stecken musste. Diese Metallstücke wurden daraufhin in eine Flüssigkeit getaucht und mit einer dünnen Schicht aus Metall überzogen. Der Job war eintönig, anstrengend und hat alle meine Träume kaputt gemacht. Denn es dauerte nur eine Woche und ich habe sogar nachts im Schlaf diese Metallstücke auf das Gitter gesteckt. Das war kein Traumjob, obwohl ich davon geträumt habe.

Der beste Job der Welt ist für mich eine Arbeit, die mir Spaß macht. Sie sollte jeden Tag anders sein und sich doch so wiederholen, dass ich das Gefühl habe, durch die ständige Übung immer besser zu werden. Ich möchte mir Dinge ausdenken und die dann in die Tat umsetzen. Ich würde gern mit meinem Job anderen Menschen eine Freude machen. Und wenn ich dabei selbst auch noch etwas lerne, wäre das umso besser. Schön wäre es auch, wenn ich nicht jeden Tag um 5 Uhr morgens aufstehen müsste. Ich hätte aber nichts dagegen, mich den ganzen Tag mit meinem Job zu beschäftigen. Der beste Job, den ich mir vorstellen kann, sollte gar nicht wie ein Job, sondern wie ein Hobby sein. Und es wäre natürlich schön, wenn ich davon leben könnte. Lustig ist: Das klingt alles sehr nach dem Job, den ich schon habe. Was meinst du, habe ich mir meinen Job ausgesucht, weil er genau meinen Vorstellungen entspricht? Oder haben sich meine Vorstellungen erst mit diesem Job entwickelt?

Was macht eine Arbeit zu deinem Traumjob? Und wie kannst du deinen Traum Wirklichkeit werden lassen?

42

Wen kannst du leichter beeindrucken? Andere oder dich selbst?

Zweiundvierzig

Wenn du lange trainierst und eine Medaille im Sport gewinnst oder wenn du in deiner freien Zeit bei einer gemeinnützigen Organisation arbeitest, dann ist der Aufwand erheblich, aber der gute Eindruck bei anderen Menschen ist schnell erreicht.

Es geht auch einfacher. Worum müssen dich andere zu Hause für gewöhnlich bitten? Dass du deine Schuhe im Flur zusammenstellst? Dass du den Müll rausbringst? Oder dass du dein Zimmer aufräumst? Stell dir vor, du würdest - nur aus Spaß und ohne dass du irgendjemandem davon erzählst - diese Dinge einfach so erledigen. Ganz freiwillig, zwei, drei Tage lang. Alle anderen in deiner Familie wären ziemlich beeindruckt. Du könntest Verwandte anrufen und sie fragen, wie es ihnen geht. Du könntest ein kurzes Gedicht auswendig lernen und beim Abendbrot allen am Tisch sagen, dass du ihnen etwas mitzuteilen hast - und dann die Verse vortragen. Es steht fest, dass es ziemlich leicht ist, andere Leute zu beeindrucken: Tu etwas, das niemand von dir erwartet hätte.

Aber wie kannst du dich selbst beeindrucken? Du kannst ja schlecht etwas machen, das du nicht von dir erwartest, oder? Schließlich weißt du ja, was du tun wirst, weil du dich dazu entschließt, bevor du es in Angriff nimmst. (Deshalb können wir uns auch selbst nicht kitzeln.) Kannst du dich selbst überraschen? Womit hast du dich schon mal beeindruckt?

Vor einiger Zeit musste ich eine Liste aufstellen mit allen Folgen von „Wissen macht Ah!“. Als ich sah, dass ich schon Texte für knapp 500 Sendungen geschrieben hatte, musste ich kurz mit der Zunge schnalzen. Diese Ausdauer und Vielzahl hatte ich nicht von mir erwartet - und auch nicht, dass mich das so beeindruckt.

43

Welche Kleinigkeit macht dir eine große Freude?

Dreiundvierzig

Ein Kollege von mir, der großartig zeichnen kann und den ich sehr schätze, war letztens dabei, als ich von einer Höhlenexpedition erzählte, die ich mitgemacht habe. Ein paar Tage später bekam ich einen Brief von ihm - darin eine Comiczeichnung in Postkartengröße, auf der ich in einer düsteren Höhle zu sehen bin. Ich habe mich riesig gefreut. War das eine Kleinigkeit? Kann überhaupt etwas, das eine große Freude macht, klein sein? Die Freude wird doch Teil des Geschenks. Und wenn die Freude groß ist, dann kann das Geschenk nicht mehr klein sein, egal welche winzigen Ausmaße es hat.

Müssen diese Kleinigkeiten überhaupt von anderen Menschen kommen? Kannst du dir auch selbst eine große Freude machen? Ich habe eine Seife in der Drogerie entdeckt, die so einzigartig duftet, dass ich mich immer freue, wenn ich mir damit die Hände wasche.

Oder können die Kleinigkeiten auch ganz woanders herkommen? Wenn ich abends noch am Schreibtisch sitze und schreibe, dann legt sich mein Hund auf den Teppich in meinem Büro. Regelmäßig rollt er sich dabei auf den Rücken und streckt alle viere von sich. Manchmal glaube ich zu erkennen, dass er träumt: Seine Beine bewegen sich, als würde er rennen. Dann schnauft er, seine Lefzen fangen an zu flattern und er bellt ganz leise in einer so hohen Tonlage, als wäre er wieder ein Welpe. Das ist wirklich niedlich. Selbst wenn ich das nur aufschreibe, muss ich grinsen.

Das Tolle an diesen Kleinigkeiten ist, dass sie jeden Tag besonders machen. Das Blöde an diesen Kleinigkeiten ist, dass sie klein sind - und man sie deshalb oft übersieht. Meinst du, es gibt einen Trick, wie man das ändern kann?

44

Wäre die Welt besser oder schlechter, wenn alle so wären wie du?

Vierundvierzig

Die Vorstellung, alle Menschen auf der Welt wären genau wie ich, finde ich erst mal ganz lustig, dann aber sehr schnell ganz grauenvoll. Stell dir vor: nur noch Ralphs! Du wärst auch ein Ralph - egal, welches Geschlecht du hast. Deine Eltern auch. Du wüsstest genau, wie alle anderen Menschen auf der Welt sind, weil alle so wären wie du. Und wie ich. Es gäbe keine Überraschung mehr. Das wäre sehr langweilig.

Nur Ralphs ist keine gute Idee. Aber wie wäre es, wenn alle Menschen nicht vom Aussehen wären wie ich, sondern nur meine Persönlichkeit hätten? Oder deine. Kannst du sagen, welche Eigenschaften dich dich sein lassen? Was macht mich zu Ralph? (Nur aus Spaß habe ich mal nach der Bedeutung meines Namens gesucht. Wenn ich schlechte Laune gehabt hätte, wäre sie spätestens jetzt verflogen.[2]) Ich finde, dass ich geduldig bin und nicht nachtragend. Ich bin ruhig und zurückhaltend. Wenn ich mir etwas in den Kopf gesetzt habe, bin ich sehr zielstrebig. Leider habe ich hauptsächlich Unsinn im Kopf. Ich schiebe gern auf, bin aber genervt von Menschen, die nicht auf den Punkt kommen. Sind das gute Voraussetzungen, die Welt zu verbessern? Oder würde die Welt eher schlechter werden? Meinst du, meine Familie und meine Freunde schätzen mich auch so ein? Nehmen andere Menschen dich so wahr, wie du dich selbst siehst? Und wenn nicht - was ist dann das echte Du? Oder gibt es sogar mehrere?

Wie müssten die Menschen sein, damit die Welt schlechter wird? Kann es sein, dass es ganz leicht ist, die Welt zu verschlechtern? Wie müssten wir sein, damit die Welt besser wird? Kann es eine perfekte Mischung aus Eigenschaften geben? Oder ist es sogar von Vorteil, dass wir alle anders sind?

45

Hattest du schon mal Déjà-vus?

Fünfundvierzig

Kommt es dir so vor, als hättest du genau das hier schon mal erlebt? Bist du dir total sicher, dass als Nächstes die Erklärung kommt, warum dieses Gefühl „Déjà-vu“ heißt? Dann hast du jetzt ein Déjà-vu.

Déjà-vu ist französisch und wird so ausgesprochen: „dehjawü“. Wobei das „j“ klingt wie in „Jalousie“. Übersetzt heißt es „schon gesehen“.

Ich war zum ersten Mal auf Mallorca und bin durch einen kleinen Ort spaziert. Plötzlich dachte ich: Hier war ich schon. Ich erkannte die Straße wieder - und konnte mir nicht erklären, warum. Einerseits wusste ich, dass ich noch nie an diesem Ort war. Andererseits hatte ich aber ganz eindeutig die Erinnerung, diese Straße schon einmal entlanggegangen zu sein.

Ist dir so etwas auch schon passiert? Bei Déjà-vus bekommt man schnell den Eindruck, Zeit und Raum seien ganz anders, als wir denken. Und tatsächlich kann bisher niemand erklären, was bei einem Déjà-vu genau passiert. Eine Theorie lautet: Normalerweise verarbeitet unser Gehirn viele Eindrücke zeitgleich. Was wir in einem Moment hören, sehen und riechen, nimmt es als ein Ereignis wahr. Manchmal kommt das Gehirn aber aus dem Takt. Dann laufen dort die Informationen zu einem einzigen Moment zeitversetzt zusammen. Die ersten Eindrücke - zum Beispiel vom linken Auge - sind alle schon zu einem Moment verpackt worden. Erst später verarbeitet unser Gehirn das, was das rechte Auge gesehen hat und macht daraus ein zweites Ereignis. Wir denken dann: „Moment mal, das kommt mir bekannt vor!“ Déjà-vu. Dabei sind beide Ereignisse ein und dasselbe. Das Faszinierende dabei ist: Obwohl ich weiß, dass sich mein Gehirn vertut, fühlt sich das Déjà-vu total echt an.

Denkst du, es gibt noch andere Erinnerungstäuschungen, die wir vielleicht gar nicht erkennen?

45

Hattest du schon mal Déjà-vus?

Fünfundvierzig

Kommt es dir so vor, als hättest du genau das hier schon mal erlebt? Bist du dir total sicher, dass als Nächstes die Erklärung kommt, warum dieses Gefühl „Déjà-vu“ heißt? Dann hast du jetzt ein Déjà-vu.

Déjà-vu ist französisch und wird so ausgesprochen: „dehjawü“. Wobei das „j“ klingt wie in „Jalousie“. Übersetzt heißt es „schon gesehen“.

Keine Bange - das hier ist kein echtes Déjà-vu. Aber es kann natürlich sein, dass du gerade trotzdem eins hast. Eine weitere Déjà-vu-Theorie ist: Wenn wir in einer völlig neuen Umgebung etwas wahrnehmen - einen Geruch, der uns an zu Hause erinnert, eine unbekannte Straße, die Ähnlichkeit hat mit einer, die wir kennen -, dann kann es passieren, dass unser Gehirn dieses kurz auftauchende Gefühl der Vertrautheit mit der neuen Situation verknüpft. Und obwohl wir das erste Mal an diesem Ort sind, denken wir dann: „Das kenne ich doch alles hier.“ Déjà-vu.

Es gibt auch das Gegenteil von einem Déjà-vu-Erlebnis. Das nennt sich Jamais-vu und heißt auf Deutsch: niemals gesehen. Das hatte ich mal nach einem Urlaub. Als wir wieder zu Hause ankamen, hab ich nichts mehr wiedererkannt. Ich konnte mich nicht daran erinnern, wo mein Zimmer war. Alles kam mir neu und fremd vor. Damals bin ich erst fünf Jahre alt gewesen sein, aber ich kann mich noch gut daran erinnern. Oder ist das vielleicht auch nur eine Erinnerungstäuschung?

Unser Gehirn ist wirklich erstaunlich, oder?

46

Haben deine Freunde etwas erreicht, was du auch gern erreicht hättest?

Sechsundvierzig

Als ich mit der Schule fertig war, hatte ich keine Ahnung, was ich mit meinem Leben anfangen sollte. Es gab kein Studienfach, das ich interessant fand, es gab keine Berufsausbildung, die mich ansprach. Ich war ratlos. Und ein bisschen neidisch auf alle meine Freunde, die wussten, was sie machen wollten und ihre Pläne einfach so in die Tat umsetzten. Ich hätte es ihnen natürlich nachmachen und auch eine Ausbildung zum Versicherungskaufmann beginnen oder Elektrotechnik studieren können. Aber ich war weniger neidisch auf ihre Pläne, mehr darauf, dass sie schon Klarheit für sich gefunden hatten. Klar war mir nur eine Sache: Das war alles nichts für mich.

Warum vergleichen wir uns eigentlich mit anderen Menschen? Wenn man ehrlich ist, sind es ja oft sehr unfaire Vergleiche, denn meistens stellen wir unsere Schwächen den Stärken der anderen gegenüber - wie meine Planlosigkeit gegen die Zielstrebigkeit meiner Freunde. Das klingt nach einem sicheren Rezept für Unzufriedenheit, oder?

Wie ist es bei dir und deinen Freunden oder Freundinnen? Fühlst du so etwas wie Neid? Oder kannst du dich ohne Einschränkung über die Erfolge der anderen freuen? Gibt es umgekehrt auch etwas, das du erreicht hast, was sie gern hätten? Was passiert, wenn ihr darüber redet?

Mittlerweile habe ich gelernt, meinen Blick weniger auf andere zu richten, sondern mehr auf mich zu lenken. Das hat etwas sehr Entspannendes. Trotzdem gibt es eine Sache, die meine Freunde im Gegensatz zu mir ständig schaffen: Wenn wir lange nichts voneinander gehört haben, bekommen sie es unerklärlicherweise immer wieder hin, sich als Erste zu melden. Aber irgendwann werde ich schneller sein.

47

Was ist die interessanteste Frage, die du dir vorstellen kannst?

Siebenundvierzig

Wie du dir sicherlich denken kannst, liebe ich Fragen. Ich habe bei meiner Arbeit fürs Fernsehen schon so viele Fragen gestellt und beantwortet, dass ich den Überblick verloren habe. Ich habe Fragen beantwortet wie: Riechen leise Fürze schlimmer als laute? Warum bewegen sich die Uhrzeiger im Uhrzeigersinn? Kann ich das essen? Und obwohl ich Fragen aller Geschmacksrichtungen bei meiner Arbeit kennengelernt habe, kann ich sagen, dass die interessantesten Fragen nicht beim Fernsehen gestellt werden. (Das ist doch irgendwie ganz beruhigend, oder?) Die meisten unserer Fragen könntest du dir mit ein bisschen Ausdauer und den richtigen Suchmaschinen wahrscheinlich selbst beantworten. Interessant ist aber: Bei welchen Fragen geht das nicht? Und welche Fragen kannst nur du beantworten? Wird eine Frage nicht auch erst dann interessant, wenn sie an die richtige Person gerichtet ist? Denn die Antwort ist doch ein ganz wichtiger Teil der Frage, oder? Wenn ich zum Beispiel wissen möchte „Wo finde ich Gott?“, dann bekomme ich vom Papst bestimmt eine ganz andere Antwort als von einem isländischen Kioskbesitzer. Der würde wahrscheinlich nur in Richtung der Süßigkeitenregale zeigen. (In Island steht auf ganz vielen Süßigkeitenverpackungen „Gott“.)

Viele Fragen - vor allem auch die von Forschenden - haben das Ziel, Wissen Schritt für Schritt zu vergrößern. Aber sind die viel interessanteren Fragen nicht die, die das Denken in eine andere Richtung lenken?

Sehr interessant finde ich diese Fragen: Willst du mit mir zusammen sein? Wie fange ich an? Wann höre ich auf? Wo ist das Klo? Was kommt als Nächstes? (Für die Antwort einfach weiterblättern.)

48

Bist du schon alles, was du sein willst?

Achtundvierzig

Wenn du das Bedürfnis hast, Feuerwehrfrau zu werden, dann bist du es wahrscheinlich noch nicht. Also bist du nicht schon alles, was du sein willst. Aber zumindest die Idee steckt schon in dir drin. Ist das vielleicht wie bei einem Apfelsamen, in dem der ganze Baum angelegt ist? Ist das bei uns auch so? Würdest du gar nicht auf die Idee kommen, bei der Feuerwehr zu arbeiten, wenn das nicht schon in dir stecken würde? Ist in uns - genau wie in einem Apfelkern - auch schon alles, was wir brauchen, um das zu werden, was wir uns vorstellen? Dann wären wir schon alles, was wir sein wollen. Nur eben noch nicht völlig entwickelt.

Jeder Mensch hat in seinen Körperzellen eine Art Bauplan. Den hast du je zur Hälfte geerbt von deiner Mutter und von deinem Vater, also von deinen leiblichen Eltern. Diese Erbanlagen werden Gene genannt und bestimmen zum Beispiel deine Haarfarbe oder wie gut du Nahrung verwerten kannst, aber auch, dass du lächelst, wenn du dich freust. Auch manche Krankheiten werden vererbt. Wenn alle Eigenschaften, die dich zu dir werden lassen, schon in den Genen stecken, lässt sich dort dann auch ablesen, ob du der Typ bist, der Feuer bekämpfen will?

So einfach ist es nicht, denn neben deinen Genen beeinflusst auch deine Umwelt, wie du bist und was du wirst. Was du erlebst und in welcher Umgebung du aufwächst, hat nämlich auch Einfluss auf deine Entwicklung und sogar auf deine Gene.

Aber vielleicht sind wir ja trotzdem schon alles, was wir sein wollen. Ich finde jedenfalls den Gedanken ganz schön, dass wir richtig sind, genauso wie wir sind. Und du? Das heißt ja, dass alles, was du noch sein willst, möglich werden kann.

49

Morgengrauen oder Abenddämmerung?

Neunundvierzig

Du hast bestimmt schon mal gesehen, wie die Sonne untergegangen ist. Wenn die obere Kante der Sonne unter dem Horizont verschwindet, beginnt die Abenddämmerung. Es ist immer noch ziemlich hell, aber der Himmel wird schon dunkler und die ersten Planeten werden sichtbar - meistens Venus oder Jupiter. Die letzten Vögel fliegen durch die Luft, und kurze Zeit später übernehmen die Fledermäuse, die unglaublich zackige Kurven fliegen können. Die Dämmerung ist die Zeit zwischen Tag und Nacht.

Oder zwischen Nacht und Tag. Das Wort „Morgengrauen“ klingt nach Angst und Entsetzen. Aber „Grauen“ bedeutet in diesem Zusammenhang, dass es dämmert, also langsam hell wird. Genau wie der Übergang von schwarz zu weiß grau ist, so ist das Grauen der Übergang zwischen Nacht und Tag. Natürlich auch umgekehrt.

Wenn du richtig früh aufstehst, sieht die Welt ganz anders aus. Es sind kaum Menschen draußen. Das Gras ist kühl und feucht vom Tau. Du hörst nur wenige Stadtgeräusche. Einzig die Vögel singen richtig laut. Wenn dann die Sonne aufgeht, finde ich, dass das immer ein ganz besonderes Gefühl ist, weil ich nämlich schon vorher wach war. Und das passiert sehr selten.

Bist du ein Abend- oder ein Morgenmensch? Findest du es schön, morgens alles für dich allein zu haben, weil sonst niemand wach ist? Oder gefällt es dir abends besser, wenn es dunkel wird, du alles erledigt hast und dich entspannen kannst? Oder ist das allerbeste, nach Sonnenuntergang so lange aufzubleiben, bis die Sonne wieder aufgeht? Was spricht dafür, das einfach mal auszuprobieren?

50

Was denkst du, sagen deine Freunde über dich?

Fünfzig

Diese Frage lässt sich auf zwei verschiedene Arten verstehen.

„Sagen“ kann bedeuten: Was erzählen oder reden deine Freunde oder Freundinnen über dich – vor allem dann, wenn du nicht dabei bist?

Wahrscheinlich unterhaltet ihr euch nicht nur über das Wetter, sondern sprecht auch über eure Ideen, Pläne, Ängste und Geheimnisse. Vielleicht redet ihr auch über die Freundinnen und Freunde von euch, die gerade nicht da sind. Dann seid ihr auf einmal diejenigen, die über andere sprechen. Was sagt ihr dann? Falls die Nichtanwesenden mal davon erzählt haben, was sie momentan bedrückt, macht ihr euch Sorgen und sprecht darüber? Überlegt ihr, wie ihr helfen könnt? Lästert ihr? Oder machen Menschen, die befreundet sind, so etwas nicht?

Ich denke, so wie ich über meine Freunde spreche, sprechen sie auch über mich.

Die Frage kann man auch so verstehen: „Was sagen deine Freunde über dich aus?“ „Aussagen“ kann bedeuten: Wenn du dir anschaust, mit welchen Menschen du dich umgibst, was wird dir dann über dich klar?

Das kann etwas ganz Offensichtliches sein – wenn ihr zusammen regelmäßig laufen geht oder Skateboard fahrt, magst du wahrscheinlich Sport. Wenn ihr zusammen in einer Band seid, spielt Musik in eurem Leben vermutlich eine Rolle. Was aber wird dir erst auf den zweiten Blick deutlich? Wenn du zum Beispiel überlegst, wie viele Freunde du hast oder wo ihr euch kennengelernt habt oder wie alt deine Freundinnen sind. Darüber nachzudenken kann dir manchmal etwas über dich erzählen, das du bisher womöglich noch gar nicht bemerkt hast.

Was Freunde alles für einen machen.

51

Was ist Zeit?

Einundfünfzig

Zeit ist faszinierend. Mal hast du ganz viel Zeit. Mal hast du gar keine Zeit. Es ist aber nicht so, als könntest du Zeit sparen und auf die Bank bringen oder nach Bedarf dort abheben. Ob du viel Zeit hast oder nicht, hat weniger mit der Zeit an sich zu tun, sondern eher damit, wer oder was für dich wichtig ist.

Außerdem bleibt die Zeit ja gleich, oder? Eine Sekunde ist ungefähr so lang wie der Herzschlag eines erwachsenen Menschen. Die Sekunde gehört zu den internationalen Standardeinheiten wie auch der Meter oder das Kilogramm. Und obwohl die Dauer einer Sekunde genau festgelegt ist, ist dir vielleicht schon mal aufgefallen, dass Zeit ganz unterschiedlich schnell vergehen kann. Im Stau auf dem Weg in den Urlaub zieht sich die Zeit und vergeht superlangsam. Im Urlaub dagegen, wenn du viel erlebst, verfliegt die Zeit. Kann eine Sekunde doch unterschiedlich lang sein? Ja. Zum einen hängt unsere Wahrnehmung von Zeit davon, wie viel wir erleben. Zum anderen kann Zeit tatsächlich unterschiedlich schnell vergehen. Es gibt Versuche mit sehr genauen Atomuhren, die genau gleich laufen. Die eine wird tief in einen Bergstollen gebracht, während die andere in einem Flugzeug hoch über der Erde fliegt. Wenn beide Uhren nach ihren Ausflügen wieder ins Labor kommen, dann geht die Flugzeuguhr ein winziges bisschen vor. Das liegt an der Schwerkraft, die 10 Kilometer über dem Boden nicht so stark ist wie tief in der Erde. Je stärker die Schwerkraft ist, desto langsamer vergeht die Zeit.

Wann vergeht die Zeit für dich unterschiedlich schnell? Kannst du das beeinflussen? Die Zeit ist nicht greifbar - kann es sein, dass wir sie uns nur einbilden?

52

Wenn man Tiere mag, darf man sie dann essen?

Zweiundfünfzig

Der ernste Ralph würde jetzt antworten: Was du nicht magst, solltest du nicht essen.

Ich mag Tiere. Und ich esse sehr wenig Fleisch. So wenig, dass ich immer scherzhaft sage: „Ich esse nur Tiere, die ich selbst erlegt habe." Das hat vor ein paar Jahren eine Redakteurin bei der Sendung „Quarks" auf die Idee gebracht, mich für eine Folge über bewusstes Fleisch-Essen mit einem Jäger auf die Jagd zu schicken.

Da saß ich dann mit Mark, dem Jäger, auf dem Hochsitz und hoffte, dass kein Tier auftauchen würde. Denn ein Tier zu erschießen, ist ein komplett anderer Weg an Fleisch zu kommen, als im Supermarkt eine Packung Chicken-Nuggets zu kaufen. Ich hatte Glück, die Tiere auch.

Zurück in Marks Metzgerei hatte ein anderer Jäger ihm ein junges Wildschwein gebracht, dass noch zerlegt werden musste. Das durfte ich machen. Das Wildschwein hing kopfüber vor mir. Mit einem Messer durchtrennte ich die Sehnen der Gelenke, und schnitt dann durch die Fettschicht das Fell vom Körper. Zum Schluss trennte ich den Kopf ab - dann lag die Hülle des Tiers in einem kleinen Häufchen vor mir auf dem Boden. Den essbaren Rest des Wildschweins zerschnitt ich in kleine Teile.

Findest du es schlimm, das zu lesen? Würdest du lieber nicht wissen, wo das Fleisch herkommt. Da bist du nicht allein. Je weniger ein Stück Fleisch nach Tier aussieht, desto besser verkauft es sich. Deshalb findest du im Supermarkt so wenige abgepackte Klauen oder Köpfe. Dabei ahnt man den Wert von so einem Tier eigentlich erst, wenn man weiß, wo es herkommt und wie es auseinandergenommen wird. Denkst du, das sollten alle mal gesehen haben, die Fleisch essen?

53

Was ist dein absoluter Lieblingsfilm? Und warum?

Dreiundfünfzig

Es gibt Filme mit perfekten Momenten. Das sind Szenen, in denen einfach alles passt. Die Bilder, die Musik, die Stimmung - alles das bringt die Geschichte, die der Film erzählt, auf einen Punkt, der eine tiefe Wahrheit enthält. Etwas, das ich immer schon wusste, es aber bisher nicht in Worte fassen konnte. So als würde ich vor einer verschlossenen Tür stehen, zu der ich keinen Schlüssel habe. Und dann merke ich auf einmal, dass an meinem Schlüsselbund einer hängt, der tatsächlich ins Schloss passt, der mir aber nie aufgefallen war. Jetzt kann ich das Schloss öffnen und einen völlig neuen Raum entdecken. Wenn ein Film so eine Szene hat, kommt bei mir das eigenartig widersprüchliche Gefühl hoch, gleichzeitig weinen und lachen zu müssen. Das sind für mich gute Filme. Hast du so etwas schon mal erlebt? Was macht für dich einen guten Film aus? Ist es die Geschichte? Oder die Art von Film - Action, Komödie, Liebe oder Hauptsache Zombies? Ist es eine bestimmte Schauspielerin oder ein Schauspieler? Ist es die Musik? Oder die richtige Kombination aus allem?

Es gibt Filme, die würde ich mir freiwillig niemals ansehen: Musicals. Leute, die einfach anfangen zu tanzen und zu singen, ohne dass die Menschen um sie herum fragen, ob denn wohl alles in Ordnung mit ihnen ist. Musicals kann ich einfach nicht ernst nehmen. Es gibt kein anderes Film-Genre, bei dem ich so oft und ausgiebig mit den Augen rolle. Und jetzt kommt die große Überraschung: Mein absoluter Lieblingsfilm ist ein Musical. Schlimm, ich weiß. Es ist mir auch ein bisschen peinlich, aber „Singin' in the Rain" ist einfach großartig. Mein Lieblingsfilm. Welcher ist deiner?

54

Wer war der berühmteste Mensch, den du jemals getroffen hast?

Vierundfünfzig

Ab wann ist ein Mensch eigentlich berühmt? Ist jemand berühmt, den du zwar kennst - und alle in deinem Alter -, deine Eltern aber nicht? Oder gibt es noch andere Merkmale, die vorhanden sein müssen?

Einer der berühmtesten Menschen, die ich getroffen habe, ist der Bundespräsident Frank-Walter Steinmeier. Ich durfte ihn auf einer Reise nach Südamerika begleiten zum 250. Geburtstag von Alexander von Humboldt. (Der war zu seiner Zeit weltberühmt.) Während dieser Reise ist etwas sehr Eigenartiges passiert. Wir waren bei einer Schildkröten-Zuchtstation auf den Galapagos-Inseln. Während der Bundespräsident bei einer kleinen Zeremonie die Patenschaft für eine junge Schildkröte übernahm, hatte ich Gelegenheit, mich ein bisschen auf der Forschungsstation umzusehen. Dabei begegnete ich einer Gruppe Jugendlicher, die zum Großteil aus Deutschland kamen und in Ecuador ein Auslandsjahr machten. Sie freuten sich, mich zu sehen. Wir machten Selfies und unterhielten uns - so lange, bis der ecuadorianische Lehrer auftauchte und freundlich, aber streng zu seinen Schülerinnen und Schülern sagte: „So, jetzt lasst den Bundespräsidenten mal in Ruhe!"

Alle Jugendlichen fingen laut an zu lachen. Ich schüttelte vehement den Kopf und sagte: „Ich bin nicht der Bundespräsident." Dann erklärten sie ihrem Lehrer, dass sie mich aus dem deutschen Fernsehen kennen. Und mir erklärten sie, dass sie eigentlich auf die Inseln gekommen seien, um den Bundespräsidenten zu treffen. Der kam kurze Zeit später zu uns und freute sich über die gute Laune, die alle hatten.

Eine berühmte Person zu treffen, kann ganz nett sein. Aber mit einer berühmten Person verwechselt zu werden - und das auch noch am anderen Ende der Welt, ohne dass man eine entfernte Ähnlichkeit hat -, finde ich schon sehr lustig.

55

Welche 3 Dinge wird es in 20 Jahren nicht mehr geben?

Fünfundfünfzig

Zum Aufwärmen: Frag mal ältere Menschen um dich herum, was es vor zwanzig Jahren noch gab, aber jetzt nicht mehr. Mir fällt Folgendes ein:

Fotofilme. Wenn du Fotos machen wolltest, musstest du einen Film in die Kamera einlegen. Pro Film konntest du höchstens 36 Bilder schießen. Und es dauerte Tage, bis du die Fotos zum ersten Mal gesehen hast, weil sie erst entwickelt werden mussten.

Videotheken. Wenn du dir vor zwanzig Jahren mit Freunden zu Hause einen Film ansehen wolltest, musstest du den erst mal in einer Videothek ausleihen. Videotheken waren wie Bibliotheken - nur für DVDs oder Video-Kassetten.

Telefonstreiche. Als Kinder haben wir irgendwelche Nummern gewählt und die Leute am anderen Ende der Leitung auf den Arm genommen. „Ich rufe an, um die Lieferung der 40 Tonnen Kieselsteine zu bestätigen. Wir würden die dann einfach vor ihrer Haustür abladen."

Was wird es wohl in zwanzig Jahren nicht mehr geben?

Schlüssel? Die haben jetzt schon einen ziemlichen Bart. Statt mit einem Metallschlüssel werden Türen mit dem Handy geöffnet.

Schlangen? Nicht die Tiere, die werden hoffentlich nicht aussterben. Ich spreche von Warteschlangen. Entweder kauft niemand mehr in Geschäften ein, weil alles geliefert wird. Oder in den Läden wird alles, was du in deine Tasche packst, beim Verlassen des Geschäfts automatisch abgerechnet.

Sprachbarrieren? Die Computer werden immer kleiner und schneller - wahrscheinlich haben in zwanzig Jahren alle einen winzigen Computer im Ohr, der jede Sprache der Welt direkt übersetzen kann.

Gibt es Dinge, die du vermissen würdest? Was kann von dir aus morgen schon verschwunden sein?

56

Was wirst du deinen Eltern nie vergessen?

Sechsundfünfzig

Wenn du jemandem sagst „Das werde ich dir nie vergessen", kann das zwei Bedeutungen haben. Ähnlich wie beim Wort „umfahren" sind diese Bedeutungen komplett entgegengesetzt.

Angenommen du bist acht Jahre alt und euer Hund ist dein bester Freund. An einem Wintermorgen gehst du mit deinen Eltern und eurem Hund spazieren. Du rennst vor zu einem kleinen See, der gerade erst zugefroren ist. Du wirfst ein Stöckchen - dein Hund liebt das Stöckchen-Spiel. Das Stöckchen fliegt richtig weit und landet auf dem Eis. Dein Hund rennt hinterher auf den zugefrorenen See - und bricht ein. Du siehst ihn nicht mehr und hast Panik. Deine Eltern kommen angestürmt. Dein Vater sprintet in den See, zerbricht dabei das Eis. Das Wasser geht ihm zum Glück nur bis zu den Oberschenkeln. Er kämpft sich bis zu eurem Hund vor und zieht ihn aus dem Wasser. Deine Mutter fährt mit dem Hund zum Tierarzt, während du mit deinem Vater zu Hause wartest. Stunden später seid ihr alle wieder zusammen. Der Hund ist gerettet. Du bist erleichtert und dankbar und sagst: „Das werde ich euch nie vergessen!"

Und jetzt stell dir vor, dass die Geschichte mit dem geretteten Hund nicht ganz der Wahrheit entspricht. Vor allem das Ende: Euer Hund wurde beim Tierarzt eingeschläfert. Und deine Eltern haben zusammen noch am selben Tag einen zweiten Hund gefunden, der eurem zum Verwechseln ähnlich sah. Als du das Jahre später erst erfährst, bist du enttäuscht und böse und sagst: „Das werde ich euch nie vergessen!"

Gibt es etwas, das du deinen Eltern nur schwer verzeihen kannst? Oder etwas, für das du ihnen ewig dankbar sein wirst?

Tatsächlich waren die Jahre mit dem zweiten Hund auch sehr schön und glücklich.

57

Warum sind wir hier?

Siebenundfünfzig

Frag mal deine Eltern, welche Frage sie von dir am häufigsten gehört haben, als du klein warst! Ich vermute, es war eine sehr kurze Frage. Eine Frage, die wir Menschen lieben und die es in sich hat. Sie lautet: Warum?

Das ist die eine Frage, die man immer stellen kann. Warum ist der Himmel blau? Warum ist die Banane krumm? Warum sind wir hier?

Zufällig passt auf alle drei Fragen dieselbe Antwort: Wegen der Sonne. Das Sonnenlicht wird so gestreut, dass wir hauptsächlich den blauen Teil des Lichts sehen, wenn wir in den wolkenlosen Himmel gucken. Die Bananen wachsen zum Sonnenlicht hin und bekommen deshalb ihre Krümmung. Und ohne das Licht und die Energie der Sonne gäbe es kein Leben auf der Erde. Ist das der Grund, warum wir hier sind?

Aber warum strahlt die Sonne? Warum ist sie an dieser Stelle der Milchstraße? Warum kann ich immer weiterfragen und komme doch nicht auf die Antwort, wieso wir hier sind?

Mit „warum" sind wir groß geworden. Wir haben gelernt, dass jeder Zustand einen Grund hat. Die Abfolge ist dabei klar: Es gibt eine Ursache und daraus folgt eine Wirkung. Wenn die Wirkung ist, dass wir hier sind, was war dann die Ursache? Muss man vielleicht manchmal andersherum fragen, um weiterzukommen? Es könnte doch sein, dass das, was wir machen, den Grund erzeugt, warum wir hier sind, oder? Also: Wenn du es liebst, Musik zu machen, könnte das vielleicht der Grund sein, warum du hier bist? Vielleicht wird deine Musik andere Menschen glücklich machen.

Fallen dir noch andere Fragen ein, die erst dann Sinn ergeben, wenn man sie rückwärts stellt? Zum Beispiel: Macht dir Mathe Spaß, weil du gut bist? Oder bist du gut, weil dir Mathe Spaß macht?

58

Wenn Menschen dich auf der Straße um Geld bitten, gibst du etwas oder gehst du weiter?

Achtundfünfzig

Ich hatte mal eine Lehrerin, die der Meinung war, dass niemand auf der Straße leben und um Geld betteln müsste. Es seien genügend Hilfsangebote von sozialen Einrichtungen und vom Staat vorhanden. Außerdem könne sie sich nicht sicher sein, ob das Geld nicht für Alkohol oder Drogen benutzt werde. Deshalb würde sie nichts geben.

Mein Vater, wiederum, schenkte obdachlosen Menschen, die ihn ansprachen, immer etwas Geld. Als ich einmal wissen wollte, warum er das mache, antwortete er: „Solange ich etwas habe, kann ich doch was davon abgeben, oder?"

„Aber dann hast du weniger", sagte ich.

„Immer noch genug für uns", war seine Antwort.

Wir waren nicht reich, aber es reichte. Selbst wenn mein Vater kein Geld geben konnte, ging er nicht stur weiter und ignorierte die Menschen, sondern blieb kurz stehen und wechselte ein paar Worte mit ihnen.

Natürlich gibt es nicht nur Menschen, die betteln. Viele, die weder arm noch wohnungslos sind, fragen auch um Geld. Zum Beispiel Leute, die Musik auf der Straße spielen oder etwas aufführen. Wann bleibst du stehen und schaust zu? Würde es dir in diesen Situationen leichter fallen, Geld zu geben? Warum?

Es gibt Menschen, die glauben, mit jeder Spende etwas Gutes zu tun. Je mehr Gutes in der Welt herumschwirrt, desto größer sind die Chancen, dass auch sie von etwas Gutem getroffen werden. Denken diese Menschen dann nur an sich, wenn sie anderen etwas geben? Spenden Leute deshalb, weil sie damit in erster Linie sich selbst ein gutes Gefühl geben wollen? Ist das verwerflich? Oder ist es egal, weil am Ende nur das Ergebnis zählt: Der eine hat etwas mehr Geld, der andere etwas mehr gutes Gefühl?

59

Was ist Glück?

Neunundfünfzig

Das Wort Glück hat im Deutschen mehr als eine Bedeutung: Du kannst Glück haben, wenn zum Beispiel zufällig etwas in Erfüllung geht, das du dir wünschst. Und du kannst Glück empfinden, wenn du das Gefühl hast, dass gerade alles richtig ist.

Beides geht natürlich auch gleichzeitig: Wenn du Glück hast, empfindest du Glück. Und umgekehrt: Wenn du Glück empfindest, hast du echt Glück.

Glück - in welcher Bedeutung auch immer - möchten gern alle haben. Das Interessante ist dabei: Wenn Glück hauptsächlich Zufall ist, warum ist es dann so ungerecht verteilt? Warum haben manche Menschen scheinbar ständig Glück, während es bei anderen nicht so rosig aussieht? Oder helfen die Glückskinder dem Zufall ein wenig nach?

Glück könnte etwas mit „sich selbst erfüllenden Prophezeiungen" zu tun haben. Das sind Vorhersagen, die eintreffen, weil sie vorhergesagt wurden. Das klingt ein bisschen nach „Hund, der seinem eigenen Schwanz hinterherjagt", und ist tatsächlich ähnlich unterhaltsam.

Wenn du morgens zum Beispiel vorhersagst: „Heute werde ich Geld auf der Straße finden", dann kann diese Vorhersage bewirken, dass du wirklich Geld findest. Vielleicht schaust du - wegen deiner Vorhersage an diesem Tag - einfach viel aufmerksamer als sonst auf den Boden. Und alle Münzen, die du üblicherweise übersiehst, fallen dir auf einmal auf. Und schon ist die Vorhersage eingetroffen, weil du sie vorhergesagt hast. Glück gehabt!

Natürlich war es ein großes Glück, dass überhaupt Geld auf der Straße lag. Und darauf hattest du keinen Einfluss. Die Augen offen zu halten ist möglicherweise trotzdem der beste Weg, um Glück zu haben.

Was meinst du?

60

Kann man alles positiv sehen?

Sechzig

Als ich sechs Jahre alt war, haben sich meine Eltern scheiden lassen. Meine Schwester und ich blieben bei unserem Vater. Als ich 15 war, starb er an Krebs und wir mussten Hals über Kopf aus unserem Zuhause ausziehen. Es ging so schnell, dass wir nicht einmal Fotoalben oder andere Erinnerungsstücke mitnehmen konnten.

Lässt sich das alles irgendwie positiv sehen? Ich kann dir sagen, weder als meine Eltern sich anbrüllten, bevor sie sich trennten, noch als niemand etwas sagte, nachdem mein Vater gestorben war - nichts davon sah ich positiv. Im Gegenteil. Es war ganz einfach schlimm.

Inzwischen sind einige Jahre vergangen. Und obwohl die Ereignisse an sich immer noch entsetzlich sind, stecke ich jetzt nicht mehr in diesen Situationen. Der Unterschied ist ungefähr so, als würdest du zuerst ganz nahe vor einem Gemälde stehen und dir eine winzige Einzelheit sehr genau anschauen - fast als würde dich das Bild verschlucken. Dann gehst du ein paar Schritte zurück und stellst fest, dass zwar die Details immer noch da sind, aber der Gesamteindruck ist ganz anders geworden. Alles, was mir passiert ist, hat mich zu dem Menschen gemacht, der ich heute bin. Und das finde ich auf jeden Fall positiv.

Es gibt die Redewendung „Ende gut, alles gut." Vielleicht muss der Spruch einfach weitergedacht werden: Wenn nicht alles gut ist, dann ist es noch nicht zu Ende.

Wenn du etwas Doofes erlebt hast, fällt es dir dann leichter, dich aufzuraffen und weiterzumachen, indem du die Dinge positiv siehst? Oder ist es andersherum: Musst du dich erst aufraffen und weitermachen, um dann die Dinge positiv zu sehen? Macht das einen Unterschied?

61

Lieber einen Traumtag oder viele Tagträume?

Einundsechzig

Mein Traumtag sieht so aus: Ich wache ohne Wecker an einem ganz normalen Wochentag auf. Ich habe keine Verabredungen, ich muss nichts für die nächsten Tage vorbereiten, ich kann einfach herumhängen. Ich setze mich in die Morgensonne und beschließe, ans Meer zu fahren. Auf der Fahrt höre ich Musik, singe laut mit und ignoriere alle Leute, die komisch gucken. Am Strand setze ich mich in den Sand und schaue aufs Meer. Vielleicht gehe ich ein bisschen schwimmen. Dann baue ich eine Sandburg. Und wenn die richtig groß und prächtig ist, spiele ich Godzilla und trample sie kaputt. Wenn die Sonne im Meer versunken ist, fahre ich wieder nach Hause. Als ich im Bett liege, merke ich, dass an meinen Füßen noch ein bisschen Sand ist. Dann schlafe ich ein mit einem Lächeln.

Wie ist dein Traumtag? Das Lustige ist: Mir meinen Traumtag vorzustellen, ist ein Tagtraum.

Aber was ist besser? Einen Traumtag wirklich zu erleben oder dir viele Traumtage vorzustellen, die du so in Wirklichkeit niemals erleben würdest? Kennst du das Sprichwort: „Lieber den Spatz in der Hand als die Taube auf dem Dach"? Das bedeutet, dass man lieber einen kleinen, sicheren Gewinn haben möchte als große Hoffnungen, die nicht in Erfüllung gehen. Die Frage ist natürlich: Was ist der Spatz? Ist es der Traumtag oder sind es die Tagträume? Tagträume habe ich immer in der Hand. Auf der anderen Seite ist so ein echter Traumtag eben genau das: echt.

Auch wenn ein Traumtag richtig toll sein kann, sind es die Tagträume, die uns Ideen für vieles mehr geben als nur für Traumtage.

Wenn aber dein Traumtag ist, den ganzen Tag lang tagzuträumen, dann hast du den Spatz und die Taube.

62

Geschenke langsam auspacken oder schnell aufreißen?

Zweiundsechzig

Wenn ich ein Geschenk bekomme, habe ich vor lauter Aufregung gar nicht die Ruhe, mit meinen Zähnen den Knoten des Geschenkbands locker zu knabbern oder mit den Fingernägeln die Klebebänder abzuknibbeln. Das Aufreißen passiert ganz automatisch. Ich war auch immer sehr gut in diesem Geburtstagsspiel, bei dem man eine aufwendig eingewickelte Tafel Schokolade mit Handschuhen und Besteck auspacken musste. Der Rest meiner Familie ist nicht wie ich. Wenn zu Weihnachten bei uns alle nacheinander langsam ihre Geschenke auspacken, macht mich das wahnsinnig.

Aus welchem Anlass ein Geschenk gemacht wird oder wer es bekommt oder wer es überreicht, ist egal - fast alle Geschenke teilen sich eine Besonderheit: Sie sind eingepackt. Das ist ein ganz schöner, aber gleichzeitig auch ein etwas seltsamer Brauch. Denn ein Geschenk wird ja nicht wertvoller, wenn es eingepackt ist. Oder doch? Ist das Einpacken von Geschenken vielleicht vergleichbar mit dem Rahmen von Bildern? Werden Dinge erst durch die Verpackung richtig zum Geschenk? Die meisten Sachen, die verschenkt werden, können von vielen Menschen überall gekauft werden. Das hat Massenware so an sich - sie ist nicht einzigartig. Aber sie wird es, wenn du dir die Mühe machst, das Geschenk vor der Übergabe einzupacken.

Wenn also die Verpackung ein wichtiger Teil des Geschenks ist, sollte sie dann nicht auch respektvoll behandelt werden? Das würde dafür sprechen, die Geschenke langsam und vorsichtig auszupacken. Das steigert auch die Vorfreude, die ja oft wichtiger ist als das eigentliche Geschenk.

Vielleicht probiere ich das einfach mal aus. Es ist ja immer gut, Dinge mal genau anders zu machen als sonst.

63

Umweg oder Abkürzung?

Dreiundsechzig

Abkürzungen finde ich gut. Wahrscheinlich liegt es daran, dass ich entweder ein wenig faul bin oder dass mich bei längeren Strecken oft die Lust verlässt.

In der 6. Klasse sollte ich in Deutsch mal eine Geschichte in meinen eigenen Worten zusammenfassen. Ich weiß noch ganz genau, dass ich am Anfang sehr motiviert war, aber je länger ich an meiner Nacherzählung schrieb, desto weniger Lust hatte ich. Also kürzte ich ab, übersprang einige Punkte der Geschichte und erfand mein eigenes Ende. Ich war sehr zufrieden - meine Deutschlehrerin weniger.

Abkürzungen haben viel mit Effizienz zu tun. Effizienz bedeutet, dass du mit so wenig Aufwand wie möglich das beste Ergebnis erreichst. Das war das Motto meiner Schulzeit. Für mich bedeuten Abkürzungen, dass ich weniger Zeit für eine Aufgabe benötige - und diese gewonnene Zeit dann für etwas anderes benutzen kann.

Manchmal verwende ich so viel Zeit dafür, eine Abkürzung zu entwickeln, dass ich wahrscheinlich schneller fertig wäre, wenn ich den normalen Weg genommen hätte. Dann ist aus der Abkürzung ein Umweg geworden. Aber das Tolle ist, dass ich auf diesem Umweg jede Menge andere Dinge lerne. Deshalb denke ich mir: Eigentlich ist es egal, ob ich eine Abkürzung nehme oder einen Umweg, Hauptsache, ich komme an. Das Ziel ist ja meistens der Weg - zumindest sagt das ein altes Sprichwort.

Wie ist es bei dir? Hast du schon mal eine Abkürzung genommen und danach gedacht, der Umweg wäre schöner gewesen? Oder bist du absichtlich den Umweg gegangen, weil du lieber unterwegs sein wolltest als irgendwo anzukommen?

Vierundsechzig

Wenn ich etwas gar nicht kann, dann ist jede Minute, die ich mit dieser Tätigkeit verbringe, eine Qual. Wenn ich zum Beispiel Regale an die Wand hängen möchte, muss ich mich sehr konzentrieren, damit ich nicht vor lauter Überforderung anfange rumzubrüllen. Vor jedem Handgriff muss ich nachdenken. Und ob ich gerade überhaupt das richtige Werkzeug benutze? Keine Ahnung.

Ich habe aber auch gemerkt, dass ich besser werde, wenn ich etwas öfter mache. Mit jedem Fehler, der passiert, lerne ich, wie ich diesen Fehler beim nächsten Mal vermeiden kann. Besser zu werden macht, ehrlich gesagt, richtig Spaß. Vor allem, wenn ich merke, dass ich nach einer gewissen Zeit bestimmte Bewegungsabläufe automatisch mache. Ich muss gar nicht mehr darüber nachdenken, wie feste ich die Schrauben in die Dübel drehen muss.

Am meisten Spaß macht mir aber alles, was ich richtig gut kann. Das ist nicht viel. Aber du könntest mich zum Beispiel mitten in der Nacht wecken und sagen: „Du musst jetzt sofort eine Sendung moderieren!“ Das würde mir überhaupt nichts ausmachen. Ich fände es wahrscheinlich ganz lustig.

Würde ich diese eine Sache, von der ich denke, dass ich sie gut kann, eintauschen für viele Dinge, die ich dann nur ein bisschen könnte? Wenn ich alles ein bisschen könnte, hätte ich wahrscheinlich selbst dann keine Probleme, wenn du mich mitten in der Wildnis aussetzen würdest. Dort könnte ich mir einen Unterschlupf bauen, ein kleines Feuer machen und etwas zu essen finden. Mein Überleben wäre gesichert, weil ich alles ein bisschen kann. Das Moderieren von Sendungen ist in der Wildnis nicht so hilfreich.

Was kannst du richtig gut? Würdest du dieses Talent eintauschen? Wenn ja, wofür?

65

Wenn du alle möglichen Tiere kombinieren könntest, wie sähe dein ideales Haustier aus?

Fünfundsechzig

Wofür hat man eigentlich ein Haustier? Ist das Haustier dafür da, dass ich regelmäßig rausgehe und mich bewege? Oder ist es zum Kuscheln da? Oder hat mein Haustier die Aufgabe, Mäuse zu fangen? Oder soll mein Haustier Eier legen? Oder will ich meinem Haustier Tricks beibringen? Will ich mit meinem Haustier zur Arbeit reiten? Oder soll es mein Zuhause bewachen? Soll mein Haustier sprechen können, damit es lange Telefongespräche für mich übernehmen kann? Welche Eigenschaften fallen dir sonst noch ein?

Mein Best-of-Haustier sollte weiches Fell haben. Vier Beine wären schön, acht sind auch in Ordnung. Eine gewisse Größe und Robustheit wären gut, denn es sollte aushalten können, wenn ich meinen Kopf auf es lege. Ich würde gern auf meinem Tier reiten können, und es wäre nicht schlecht, wenn es große Flügel hätte, damit wir zusammen fliegen können. Außerdem sollte es nicht so zutraulich sein, dass es mit jedem anderen Menschen mitgeht - es sollte mich am besten finden.

Aber jetzt mal ehrlich: So ein Tier wird es niemals geben. Außer in Süddeutschland. Dort gibt es Wolpertinger. Die haben irgendwelche Menschen aus den unterschiedlichsten Tieren zusammengebastelt und ausgestopft. Diese Tierpräparate sehen meistens ziemlich gruselig aus. Und ich kann dir sagen, dass ausgestopfte Tiere - ob nun wild zusammengenäht oder wie Lumpi am Stück - nicht besonders kuschelig sind. Und neue Tricks jenseits von „Bleib!“ kann man denen auch nicht beibringen. Das einzige, was du machen kannst, ist dir zu überlegen: Welche Eigenschaft ist dir am wichtigsten? Welches Tier verfügt über diese Eigenschaft? Wäre das dann ein gutes Haustier für dich?

66

Oben oder unten?

Sechsundsechzig

Diese Frage wird meistens dann gestellt, wenn es irgendwo im Urlaub ein Etagenbett gibt. Ich bin ein Oben-Schläfer. Das heißt, wenn ich es mir aussuchen darf, wo ich schlafe, dann entscheide ich mich nie für unten, sondern immer für oben. Wenn ich unten liegen muss, habe ich meistens Angst, dass etwas - oder jemand - auf mich fällt, während ich schlafe.

Ich kenne viele Menschen, die oben bevorzugen. Es gibt sogar eine passende Redewendung: „Alles Gute kommt von oben." Die hat ihren Ursprung in der Bibel. Da steht - zum Beispiel in der Übersetzung - bei Jakobus 1, Vers 17: „Alles was gute Gabe und vollkommenes Geschenk ist, ist von oben her ..."[3] Wenn ich an alte Bilder denke, dann ist der Himmel immer oben - und die Hölle immer unten. Oben zu sein wird mit Erfolg gleichgesetzt. Wer unten ist, ist in der Regel ein Verlierer. Siehst du das auch so? Findest du, dass oben hui ist und unten pfui? (Noch so eine Redewendung.)

Ist „oben" aber wirklich besser? Ich hatte mal eine Wohnung ganz oben unterm Dach. Im Sommer war es die Hölle - zumindest, was die Temperatur anging. Auch Einkäufe nach oben zu schleppen hat nicht viel Spaß gemacht. Meine Nachbarn unten im Erdgeschoss hatten es sehr viel angenehmer.

Auch Süßigkeitenschubladen machen viel mehr Spaß, wenn sie unten sind und man in aller Ruhe reinschauen kann, ohne erst nach oben klettern zu müssen.

Das ist das Interessante an oben und unten. Die Wörter ändern sich nicht, aber die Bedeutung ist je nach Zusammenhang entweder gut oder schlecht. Fallen dir noch andere Begriffe ein, bei denen das so ist? Kann vielleicht sogar alles seine Bedeutung ändern und liegt es nur an unserer Sichtweise?

67

Welche Regel zu Hause ist total überflüssig?

Siebenundsechzig

Hier sind ein paar Regeln:

- Wenn du eine Packung Kekse öffnest, dann iss sie leer. Sonst werden sie schlecht.
- Räume auf keinen Fall dreckiges Geschirr in die Spülmaschine. Das sollten nur die Menschen tun, die die Spülmaschine auch ausräumen.
- Lichter sollst du immer eingeschaltet lassen, auch wenn du das Haus verlässt. Das schreckt Einbrecher ab.
- Wenn du etwas kaputt gemacht hast, erzähle es nicht weiter. Sonst nehmen andere in der Familie sich dich zum Vorbild und machen auch Sachen kaputt.
- Klinken sind überbewertet - Türen lassen sich auch prima zuknallen. So wissen auch die anderen, dass du zu Hause bist.
- Kommen kleine Kinder zu Besuch, erzähle ihnen die Wahrheit. Über den Weihnachtsmann.

Das sind gute Regeln. Gut im Sinne von: Es fällt mir nicht schwer, diese Regeln zu befolgen - woran auch immer das liegen mag. Wenn man aber davon ausgeht, dass Familienregeln dazu da sind, das Zusammenleben in Familien zu regeln, dann sind das eher schlechte Regeln. Denn was würde wohl passieren, wenn sich alle an die oben aufgeführten Regeln hielten? Es gäbe wahrscheinlich ständig Streit und niemand wäre gern zu Hause.

Welche Regeln gibt es in deiner Familie? Habt ihr mehr Regeln, die etwas erlauben? Oder mehr Regeln, die etwas verbieten? Haben sich alle in der Familie zusammengesetzt und darüber gesprochen, welche Regeln sinnvoll sind? Oder wurde einfach von einem Menschen bestimmt, wie es zu Hause laufen soll? Und könnte das vielleicht einer der Gründe sein, warum die eine oder andere Regel überflüssig ist?

68

Welches Regal zu Hause ist total überflüssig?

Achtundsechzig

Viele Leute haben im Keller Regale, in denen alten Sachen lagern, die sie nicht mehr brauchen, von denen sie sich aber nicht trennen können. Diese Regale nehmen eigentlich nur Platz weg und sind nur deshalb so voll mit Sachen, weil sich niemand traut, den alten Kram loszulassen und abzugeben. Sind das Regale, die total überflüssig sind?

Es soll Menschen geben, die Regale haben, in denen nichts drinsteht. Das bewundere ich, weil leere Regale eine gewisse Schönheit besitzen. Aber ist der Sinn eines Regals nicht, dass man etwas hineinstellt? Oder kann ein Regal noch einen anderen Zweck haben?

Ich weiß noch, wie ich in meiner ersten eigenen Wohnung mein erstes eigenes Wandregal montierte. Zuerst bohrte ich Löcher für die Dübel. Dann befestigte ich drei Schienen an der Wand, die Schrauben glitten wie Butter in die Dübel. In die Schienen steckte ich insgesamt zehn Regalböden. Darauf stellte ich alle meine Bücher. Es sah richtig gut aus, ich war sehr stolz. Ich setzte mich auf das Sofa neben dem Regal und nahm eines der Bücher, um darin zu lesen. Als ich umblätterte, hörte ich ein seltsames Geräusch - das komplette Regal löste sich aus der Wand und begrub mich mit allen Büchern, den Regalböden, den Schienen und jedem einzelnen Dübel unter sich.

Lesen kann extrem gefährlich sein.

So laut hatte ich in meinem ganzen Leben noch nicht geflucht. Der Teil mit „die Schrauben glitten wie Butter in die Dübel“ hätte mir zu denken geben sollen.

Dieses Regal war echt überflüssig.

Auf der anderen Seite - hätte es das Regal nicht gegeben, worüber würde ich dann jetzt schreiben? Kann es sein, dass wir für alles, was passiert, irgendwann mal einen Grund finden können? Gibt es dann überhaupt kein überflüssiges Regal?

69

Wie kommst du auf Ideen?

Neunundsechzig

Du musst ein Referat halten, weißt aber nicht, wie du anfangen sollst. Oder du möchtest einen Brief schreiben, weißt aber nicht, wovon du erzählen könntest. Oder du willst ein Geschenk machen, weißt aber nicht, worüber sich der andere Mensch freuen würde. Du hast einfach keine Idee und fühlst dich total unkreativ.

Ja, das Gefühl kommt mir sehr vertraut vor. Den Anfang dieses Kapitels habe ich fünf Mal neu geschrieben. Und das ist zufälligerweise eine meiner Methoden, wie ich auf Ideen komme: Ich fange einfach an - und mache einfach weiter. Das Schwierige dabei ist, den Teil von mir zum Schweigen zu bringen, der immer sagt: „Das ist eine total idiotische Idee. Dir fällt ja nichts Gutes ein." Ich antworte meistens: „Du bist noch nicht dran. Ich schreibe jetzt erst mal alles auf. Und wenn ich fertig bin, dann kannst du alles bewerten." Das ist übrigens auch ein wichtiger Tipp von Menschen, die Kreativität erforschen: Zu Beginn schreibt man alle Ideen und Gedanken auf - auch die schlechten und die voller Fehler -, dann erst lässt man den inneren Kritiker seine Arbeit machen.

Wenn man sich einmal daran gewöhnt hat, dass man für eine gute Idee neun schlechte braucht, nimmt das sehr viel Druck. Oft entstehen sogar aus Fehlern ganz neue, unerwartete Ideen. Wie wenn man zum Beispiel „Regel" schreiben wollte, aber aus Versehen „Regal" tippte ...

Nach draußen gehen, Musik hören, Papier falten, nichts tun, Wörter nachschlagen, sich unterhalten - das sind alles Ideen, wie ich auf Ideen komme.

Hattest du jemals gar keine Idee? Was hast du dann gemacht? Gibt es Menschen oder Dinge, die bei dir sofort Ideen sprudeln lassen? Hast du eine Ahnung, warum?

70

Wo ist die Grenze?

Siebzig

Als Kind habe ich in Berlin-Spandau gewohnt. Da wusste ich genau, wo die Grenze war, denn sie war sehr gut zu erkennen: Es gab Warnschilder, Zäune, Mauern, Wachposten und allgemein das Gefühl, besser nicht näher ranzugehen. Diese Grenze trennte West-Berlin, das zu Westdeutschland gehörte, von Ostdeutschland. Sie hat viel Unglück und Leid verursacht.

Die meisten Grenzen heutzutage sind nicht so leicht zu erkennen. Manchmal gibt es natürliche Grenzen, wie zum Beispiel den Rhein, der Süddeutschland von Frankreich trennt. Meistens aber sind Grenzen ausgedachte unsichtbare Linien. Wenn du durch die Eifel spazierst, kann es passieren, dass du auf einmal in Belgien bist, ohne es zu merken.

Und dann gibt es Grenzen, die haben nichts mit Ländern oder Orten zu tun, sondern mit dir selbst. Diese Grenzen sind manchmal noch weniger greifbar und trotzdem spürst du ganz deutlich, dass sie da sind.

Wenn ich zum Beispiel der einzige Fahrgast im Großraumabteil bin und an einem Bahnhof steigt jemand ein, der sich direkt neben mich setzt - obwohl alles frei ist -, dann fühlt sich das unangenehm zudringlich an. Dieser Mensch hat eine Grenze überschritten.

Was würdest du machen? Wie verhältst du dich, wenn du plötzlich merkst, wo die Grenze ist?

Ich finde es schwer, anderen Menschen die Grenze aufzuzeigen. Denn auch das ist eine Grenze. Eine Grenze, die ich überqueren muss: Raus aus meiner Wohlfühlzone, rein in einen Bereich, der mir nicht gefällt - nämlich anderen Menschen entgegenzutreten und meine Grenze klarzumachen. Ich merke aber auch, dass das eine Übungssache ist. Je öfter ich es tue, desto besser werde ich.

Welche Grenzen kennst du - eigene und die von anderen?

71

An wen oder an was glaubst du?

Einundsiebzig

Viele Menschen glauben an einen Gott. Zum Beispiel diejenigen mit einem jüdischen, einem christlichen oder einem muslimischen Glauben. Bei anderen Religionen, wie dem Hinduismus, ist das etwas komplizierter, weil es dort sehr viele unterschiedliche Traditionen gibt. Beim Buddhismus glauben die Menschen nicht an einen Gott, sondern richten ihr Leben nach bestimmten philosophischen Grundsätzen aus. Es gibt Menschen, die glauben an mehrere Götter oder Gottheiten, wie zum Beispiel in Japan bei der Shintō-Religion. Eine Gemeinsamkeit aller Religionen ist vielleicht der Glaube an eine übernatürliche Macht, die unsere Wirklichkeit erschaffen hat und die gleichzeitig allem einen Sinn gibt. Selbst wenn der Sinn darin besteht, dass es keinen Sinn gibt - wie zum Beispiel beim Diskordianismus. Und natürlich gibt es auch Menschen, die glauben nicht an eine höhere Macht. Aber ist das Nichtglauben nicht auch ein Glauben?

Ich glaube zum Beispiel, dass unser Gehirn allem einen Sinn geben muss. Und dass vielleicht auch die Idee einer übernatürlichen Macht aus genau diesem Bedürfnis entstanden ist. Es gibt in der Sixtinischen Kapelle im Vatikan ein Bild von Michelangelo, das zeigt, wie Gott Adam erschafft. Ganz berühmt - die Finger von Gott und Adam berühren sich fast. Gott ist dabei umhüllt von Tüchern, die aussehen wie das menschliche Gehirn.

Was meinst du, glauben Menschen an das, von dem sie denken, es würde allem eine Bedeutung geben? Passt das zu deinem Glauben? An wen oder was glaubst du eigentlich? Ist dein Glaube etwas, das dir jemand beigebracht hat oder etwas, das du in dir fühlst? Kann man auch an Geld glauben? Oder an sich selbst?

72

Welche meiner Freunde magst du am meisten?

Zweiundsiebzig

Ich weiß, meine Freunde und Freundinnen kennst du ja gar nicht. Aber du kennst die deiner Eltern. Oder die deiner Kinder. Oder die von dem Menschen, mit dem du zusammen bist. Welche dieser Freundinnen und Freunde, die nicht unbedingt deine sind, magst du am meisten?

Erst mal ist es schön, dass es Freundschaften gibt. Die meisten Menschen haben welche - manche ganz wenige, andere ganz viele. Freundschaften verschönern das Leben. Lustige Erlebnisse werden noch besser mit Menschen, die dir wichtig sind - und denen du wichtig bist. Und wenn es dir schlecht geht, sind deine Freundinnen und Freunde für dich da und helfen dir. Es gibt Freundschaften, die begleiten dich dein ganzes Leben - da kann es vorkommen, dass diese Menschen dich besser kennen als du dich selbst. Mit Freundinnen und Freunden kannst du wachsen. Sie sagen dir, wenn du dich blöd verhältst. Sie stehen zu dir, wenn andere blöd zu dir sind. Gute Freunde machen das Leben leichter.

Niemand sollte dir vorschreiben dürfen, mit wem du befreundet bist - aber interessant ist es schon, zu wissen, wie andere Menschen deine Freunde sehen, oder? Denn deine Eltern - oder deine Kinder - sehen die Menschen, mit denen du befreundet bist, natürlich mit ganz anderen Augen. Und vielleicht entdeckst du neue Eigenschaften an deinen Freundinnen und Freunden, die dir vorher gar nicht bewusst waren. Das kann deine Freundschaft weiter vertiefen. Und das ist doch eigentlich ganz schön, oder?

73

Können wir entscheiden, was wir denken?

Dreiundsiebzig

Kannst du jetzt - einfach so - an eine Zahl denken? Geht, oder? Kannst du auch an eine dreistellige Zahl denken, bei der die Ziffern immer kleiner werden? Also zum Beispiel 532. War das jetzt immer noch deine freie Entscheidung oder hast du das nur gemacht, weil ich dich darum gebeten habe? Aber du hättest auch nicht an eine Zahl denken können. Immerhin hast du dir deine Zahl frei ausgesucht, oder? Zumindest in dem Rahmen, den ich gesetzt habe.

Jetzt rechne mal kurz - geht auch mit einem Taschenrechner: deine Zahl minus deiner Zahl in umgekehrter Reihenfolge. Also zum Beispiel 532 minus 235. Und rechne weiter: das Ergebnis plus das Ergebnis in umgekehrter Reihenfolge. Du hast frei entschieden, an welche Zahl du gedacht hast - und die Zahl auf deinem Taschenrechner ist: 1089.

Kannst du wirklich frei entscheiden, was du denkst? Oder sind alle deine Entscheidungen vorbestimmt? Und nur deshalb wusste ich, welches Ergebnis du hast?

In der Antike hat zum Beispiel Heraklit gedacht, dass alles, was passiert, die Folge ist von vorherigen Ereignissen. Das würde bedeuten: Wenn du genügend Informationen hast über alles, was in der Vergangenheit passiert ist, kannst du jedes Ereignis in der Zukunft voraussagen. Und es würde bedeuten, dass du nicht entscheiden kannst, was du denkst, weil auch deine Gedanken durch vorherige Ereignisse bestimmt sind.

Tatsächlich haben Forschende herausgefunden, dass im Gehirn Entscheidungen schon erkennbar waren, bevor die Versuchsteilnehmenden sich bewusst entschieden hatten. Irgendwie kann ich mir nicht vorstellen, dass alles vorbestimmt ist. Und du?

Übrigens, das mit der 1089 war ein Trick. Probier mal eine andere Zahl.

74

Was ist ein Loch?

Vierundsiebzig

Auf den ersten Blick wirken Löcher wie ganz alltägliche Dinge. Es gibt Löcher in Wänden, Löcher in Eimern, Löcher in Hosen - wie viele Löcher eine unversehrte Hose hat, ist wieder eine ganz andere Frage. Es gibt Löcher in Donuts, Löcher in Papier, Löcher in Flöten. Es gibt Luftlöcher, Bohrlöcher und A-Löcher - ich habe zu Hause eine ganze Sammlung davon. Ich meine die Löcher des Buchstabens A. Je nach Schriftart sehen die nämlich alle anders aus. Löcher lassen sich zählen wie Schafe. Sie haben eine Form und eine Größe. Und man kann sie sehen. Selbst kleine Kinder können sie wahrnehmen. Löcher sind also da. Sie entstehen und vergehen. Wenn ich einen Donut gegessen habe, ist das Loch verschwunden.

Alles, was solche Eigenschaften hat, besteht normalerweise aus irgendeinem Material. Aber woraus bestehen Löcher? Ist ein Loch einfach nur das Material, um das Loch herum? Aber ein Loch im Käse ist eben kein Käse. Ist das Loch vielleicht die Luft, in dem Bereich der Käsescheibe, wo der Käse fehlt? Was aber, wenn ich die Scheibe Käse vom Teller auf mein Brot bewege, dann bewege ich ja nicht die Luft - aber das Loch bewege ich trotzdem.

Vielleicht ist ein Loch gar kein Ding wie ein Stift. Vielleicht ist ein Loch eher so etwas wie eine Eigenschaft. Zum Beispiel kann eine Eigenschaft von Papier sein, dass es gelocht ist. Dann wäre ein Loch nur ein sprachliches Kunststück. Das ist aber auch sehr unbefriedigend, denn Löcher sind ja ganz klar in der Welt erkennbar.

Kann es ein Loch nur für sich geben - ohne dass etwas drumherum ist? Kann es ein Loch in einem Loch geben? Hättest du gedacht, dass Löcher so seltsam sind?

75

Wer hat die allererste Frage gestellt?

Fünfundsiebzig

Was ist überhaupt eine Frage? Und gibt es unterschiedliche Fragen?

- Es gibt Fakten-Fragen. Das sind solche, die eine klare Information als Antwort haben. Zum Beispiel: „Wo ist der nächste Supermarkt?"
- Dann gibt es Verständnis-Fragen. Die Antworten auf solche Fragen helfen dabei, Begriffe genauer zu beschreiben und besser zu verstehen. „Was macht einen Markt zum Supermarkt?"
- Und es gibt Überlegungs-Fragen. Diese Fragen sorgen mit ihren Antworten dafür, dass wir uns Gedanken machen. Ein Beispiel wäre: „Brauchen wir Supermärkte?"
- Es gibt höflich verpackte Aufforderungen wie „Hamlet, könntest du bitte Süßigkeiten mitbringen?"
- Es gibt Fragen, die gar nicht wie Fragen aussehen, weil sie keine Fragezeichen mitbringen. Und weil Hamlet nicht die Stimme hebt, wenn er sagt: „Daim oder nicht Daim. Das ist hier die Frage." (Ja, ich weiß, er hat „Sein oder nicht sein" gesagt - aber so heißt nun mal keine Süßigkeit im Supermarkt.) Hamlet fordert die Menschen vorm Regal oder im Publikum damit auf, etwas zu hinterfragen. Er stellt keine Frage, sondern er stellt etwas infrage.

Braucht man eigentlich eine Sprache, um Fragen stellen zu können? Können kleine Kinder, die noch nicht sprechen gelernt haben, ihre Eltern schon etwas fragen? Vielleicht indem sie den Tonfall einer Frage nachmachen?

Was meinst du, wie sich bei unseren Vorfahren die allererste Frage entwickelt hat? Vielleicht saß irgendein Homo erectus vor 1,5 Millionen Jahren am Feuer und murmelte etwas vor sich hin. Und ein anderer grunzte: „Wie bitte?"

Irgendwie wünsche ich mir, die erste Frage wäre tiefsinniger gewesen.

76

Zelt oder Hotel?

Sechsundsiebzig

Mal abgesehen davon, dass eine Übernachtung im Hotel in der Regel mehr kostet als im Zelt zu schlafen, gibt es noch ganz andere wichtige Überlegungen.

Wenn du in Schweden eine Kanutour machst, ist es nahezu unmöglich jede Nacht in einem Hotel zu verbringen. In der schwedischen Wildnis gibt es nämlich keins. Da ist das Zelt die beste Wahl. Verbringst du dagegen das Wochenende in einer großen Stadt wie London, ist Zelten nicht so zu empfehlen. Die Campingplätze sind eher außerhalb der Stadt. Und einfach so das Zelt in einem der vielen Parks aufzubauen, bringt dir viele neue Bekanntschaften - die meisten werden „Bobby" heißen und dir schnell klarmachen, dass dein Zelt dort nicht stehen bleiben darf.

Ein Hotelzimmer wird meistens täglich aufgeräumt. Du musst dich um nichts kümmern und kannst dich jeden Abend in ein gemachtes Bett fallen lassen. Allerdings haben vor dir schon viele andere Menschen in diesem Bett geschlafen. Auch wenn die Bettwäsche frisch ist - kann das ein unangenehmes Gefühl sein.

In meinem Zelt weiß ich, wer darin lag: meistens nur ich. Oder Leute, die ich mag und eingeladen habe. Das Tolle am Zelt ist, dass du es jederzeit abbauen und weiterreisen kannst, wenn es dir am Zeltplatz nicht gefällt. Das geht zwar auch mit Hotels, ist aber meistens etwas aufwendiger. Dafür ist es im Hotel gemütlicher, wenn es regnet. Falls Regen nicht dein Ding ist. Falls dir aber Regen nichts ausmacht und du mit Menschen zeltest, die so sind wie du, kann selbst so ein Wetter schön sein.

Bist du eher ein Hotel- oder ein Zelttyp? Magst du es bequem oder machst du lieber alles selbst? Was findest du wichtiger: freies WLAN oder freies Lagerfeuer?

77

Kann es so was wie schlechten Geschmack geben?

Siebenundsiebzig

Manchmal steckt man sich eine Erdbeere in den Mund und muss sie direkt wieder ausspucken, weil sie so scheußlich schmeckt. Schlechter Geschmack auf der Zunge: Gibt es.

Aber gibt es schlechten Geschmack bei der Auswahl von Musik, von Kleidung, von Farben, von Filmen, von Kunst, von Witzen?

Bei Geschmacksfragen wird oft gesagt: Über Geschmack lässt sich nicht streiten. Das bedeutet, jeder Mensch hat seine eigenen Vorlieben. Wenn ich orange mag und du denkst, es geht nichts über blau - dann ist das so. Darüber zu diskutieren, ist sinnlos, denn wir würden niemals zu einem einzigen Ergebnis kommen. Lieblingsfarben sind Geschmacksache. Auch wenn du dich so anziehst, wie ich es nie machen würde, heißt das nicht, dass dein Geschmack schlechter ist als meiner. Oder umgekehrt.

Und trotzdem scheint es bestimmte Zusammenstellungen von Farben oder Kleidungsstücken oder Gewürzen zu geben, die so fürchterlich erscheinen, dass die meisten Menschen zusammenzucken. Ist das dann „schlechter Geschmack“? Oder sind wir diese bestimmten Kombinationen einfach nicht gewohnt? Hast du schon mal eine „hässliche“ Sache genauer angeschaut, um vielleicht doch etwas Schönes an ihr zu entdecken? Mir passiert das regelmäßig bei Fotos.

Gibt es Grenzen des guten Geschmacks? Alles, was jenseits dieser Grenzen liegt, müsste dann ja schlechter Geschmack sein, oder? Zum Beispiel, wenn du auf einer Beerdigung bist und flache Witze über den Menschen erzählst, der gestorben ist. Ist so ein Verhalten schlechter Geschmack? Aber wodurch wird das bestimmt? Wer entscheidet, ab wann guter Geschmack zum schlechten Geschmack wird?

Was meinst du?

78

Was wirst du immer mögen?

Achtundsiebzig

Geschmack ändert sich. Das hast du wahrscheinlich auch schon gemerkt. Vielleicht würdest du jetzt auf keinen Fall mehr die Musik hören, die du letztes Jahr um diese Zeit so gut gefunden hast. Oder schlimmer - sie könnte dir richtig peinlich sein. Mit Kleidung ist es ähnlich. Oder auch mit Fernsehsendungen. Alles, was wir mögen, beschreibt, wie wir sind und wie wir uns sehen. Damals, als ich noch sehr intensiv über die Welt und meinen Platz in ihr nachgedacht habe, fand ich schwarze Rollkragenpullis und Baskenmützen unglaublich gut. Die trage ich heutzutage nicht mehr so oft. Dass wir uns ändern - und die Dinge, die wir mögen -, ist nachvollziehbar: Fast jeden Tag begegnen wir etwas Unbekanntem, das wir automatisch mit dem vergleichen, was wir schon kennen. Manchmal merken wir dabei, dass uns das Neue besser gefällt als das Alte. Wenn dann das Altbekannte auch noch anfängt zu langweilen, hat sich unser Geschmack verändert. Und wir auch.

Aber natürlich gibt es trotzdem Sachen, die du immer mögen wirst. Und dazu zählen auch Dinge, die du nicht in die Hand nehmen kannst. Das Interessante ist, nicht nur darüber nachzudenken, was du immer mögen wirst, sondern auch, warum. Warum werde ich immer Beerentiramisu essen können? Warum werde ich Unsinn immer lustig finden? Warum werde ich Rumhängen immer schön finden?

Ich glaube, wenn ich mich für eine Sache entscheiden müsste, dann sind es die Zufälle, die sich manchmal ergeben und die mich denken lassen: „Schon toll, dass ich das jetzt erleben kann."

Was ist es bei dir?

79

Was weißt du über deine Vorfahren? Wie viele Generationen kannst du zurückgehen?

Neunundsiebzig

Du kennst höchstwahrscheinlich deine nächsten Vorfahren. Das sind deine Eltern. Von denen hat jeder Mensch zwei. Vielleicht hast du auch die Eltern deiner Eltern kennengelernt - das sind deine Großeltern - und eventuell auch die Eltern der Eltern deiner Eltern - also deine Urgroßeltern. Mit jeder Generation verdoppelt sich die Menge deiner Vorfahren. Natürlich kommt es auch vor, dass Verwandte zusammen Kinder haben. Das verringert dann die Anzahl deiner Ahnen wieder. Grundsätzlich aber kannst du davon ausgehen, dass du 16 Ururgroßeltern hast. Wie viele von denen kennst du mit Namen? Und von wie vielen kannst du sagen, was ihr Beruf war oder wo und wann sie gelebt haben?

Meine Söhne haben zwei ihrer Urgroßeltern kennengelernt und oft besucht: Susi und Thilo. Thilo fand es sehr spannend zu wissen, wer seine Ahnen waren. Er schenkte allen seinen Nachfahren einen Ordner mit den Ergebnissen seiner Ahnenforschung. Das älteste Datum in diesem Ordner ist der Geburtstag des Urururururururgroßvaters meiner Kinder. Er hieß Martin, war Bauer in Nahausen und hatte Geburtstag am 1.11.1648. Damals gab es noch nicht mal Fahrräder!

Warum interessieren sich Menschen dafür, wo sie herkommen und wer ihre Ahnen sind?

Im späten Mittelalter war das eine sehr wichtige Information. Vor allem dann, wenn man zum Beispiel Ritter werden wollte. Das durfte nämlich nicht jeder Mensch, sondern nur die, die beweisen konnten, dass sie adlig waren. Und heute? Hilft es dir vielleicht durch schwierige Zeiten zu kommen, wenn du herausfindest, dass etwa deine Ururgroßmutter die Grippe-Pandemie von 1918 überstanden hat, es also eine gewisse Widerstandskraft in deiner Familie gibt?

80

Was würdest du gern von der Welt verschwinden lassen?

Achtzig

Wie wäre es mit Angst? Niemand hat gern Angst, dann kann sie sich doch eigentlich auflösen, oder? Wäre es nicht unglaublich erleichternd, wenn man jeden Abend friedlich einschlafen könnte, ohne zum Beispiel Angst haben zu müssen vor der Deutscharbeit am nächsten Tag? Das klingt erst mal alles ganz vernünftig, aber auf der anderen Seite ist Angst auch ganz praktisch. Sie sorgt zum Beispiel dafür, dass man sich gut vorbereitet oder dass man aufmerksamer wird, um bei Gefahr schnell die Flucht zu ergreifen. Außerdem wären Gruselgeschichten nur halb so schön, wenn es keine Angst gäbe.

Vielleicht sollte lieber eine Sache verschwinden, wie zum Beispiel Atommüll. In Atomkraftwerken entsteht bei der Stromerzeugung radioaktiver Abfall. Radioaktivität ist für Lebewesen sehr schädlich. Das Problem ist, dass ein Element wie Uran - das wird gern benutzt in Atomkraftwerken - viele Milliarden Jahre braucht, bis es nicht mehr gefährlich ist. Wenn etwas so lange eine Bedrohung darstellt, wie können wir den Menschen in der Zukunft klarmachen, dass mit Atommüll nicht zu spaßen ist. Das älteste Schriftsystem stammt von den Sumerern. Wenn die Sumerer uns vor irgendetwas hätten warnen wollen, würden wir das überhaupt verstehen? Deren Schriftsystem ist ungefähr 5000 Jahre alt. Darüber lacht das Uran.

Sollte sich vielleicht gar nichts in Luft auflösen, weil alles, was es auf der Welt gibt, aus einem Grund hier ist? Und wir müssen herausfinden, was dieser Grund ist, damit wir aus dem Schlechten und Gefährlichen etwas Gutes machen können? Das wiederum wäre auch eine Art von Verschwinden? Was meinst du?

81

Was ist dein Lieblingsfluch?

Einundachtzig

Scheiße - sagen wahrscheinlich die meisten Leute. Und auch wenn Generationen von Eltern, Erziehern und Lehrerinnen jedes Mal zusammenzucken, ein Stück Seife zücken und behaupten: „Scheiße sagt man nicht!", so haben sie erstens, es selbst gerade gesagt und zweitens anscheinend die neuesten wissenschaftlichen Erkenntnisse nicht mitbekommen. Denn Fluchen hilft dabei, Schmerzen besser auszuhalten.

Wenn man sich verdammt noch mal wehgetan hat, ist Fluchen eine so natürliche Reaktion, dass Forschende sich fragten, ob es dafür nicht auch eine andere Erklärung geben könnte, außer einer schlechten Erziehung. Und tatsächlich stellten sie in Versuchen fest, dass Menschen Schmerzen besser aushalten können, wenn sie fluchen.

Wenn du dich jetzt freust, dass du eine solide wissenschaftliche Ausrede fürs Fluchen hast, muss ich dich leider enttäuschen. In nachfolgenden Forschungen wurde festgestellt, dass sich unser Kackhirn relativ schnell ans Fluchen gewöhnt. Und damit verpufft der schmerzlindernde Effekt.

Einer meiner Lieblingsflüche klingt wie aus Harry Potter: Expektorantium! Das ist das Fremdwort für „Schleimlöser" - genauer gesagt für ein Hustenmittel, das dafür sorgt, dass Schleim „ex pectoris", also „aus der Brust", rauskommt. Man muss dieses Wort mit der rasenden Unbeherrschtheit eines Fluches aussprechen, dann wirkt es doppelt. Das trifft übrigens auf alle Wörter zu: Der Klang macht den Fluch. Kleiner Test: In deinem besten Schimpf-Tonfall sagst du jetzt gut hörbar „Ranunkel!" Keine Sorge, ist nur eine wunderschöne Blume.

Wie fluchst du am liebsten? Laut oder leise? Fantasievoll oder platt? Musste dir das Fluchen jemand beibringen oder bist du ein Naturtalent?

82

Würdest du lieber für immer leben oder an einem bestimmten Tag sterben?

Zweiundachtzig

Wann wir sterben, wissen wir normalerweise nicht. Wenn wir es wissen würden, dann könnte es sein, dass uns das sehr unter Druck setzt. Stell dir vor, du hast so eine Menge Aufgaben, die du erledigen willst, dass du damit die nächsten fünf Jahre gut beschäftigt bist. Aber du hast nur noch Zeit bis übermorgen. Und im Moment des größten Stresses, weil du dich nicht entscheiden kannst, welche Aufgaben wirklich wichtig sind und abgeschlossen werden müssen, kommt jemand vorbei und sagt dir: „Ich kann dir alle Zeit der Welt geben. Wenn du willst." Wie würdest du antworten?

Das ist eine schwierige Entscheidung, oder? Es klingt sehr verlockend. Du kannst einfach nicht sterben, egal was passiert. Wenn du Mathe nicht verstehst - kein Problem, lass dir Zeit. Irgendwann wirst du alles verstehen. Zeitdruck spielt keine Rolle mehr. Du kannst jedes Buch lesen, du kannst jeden Film sehen, du kannst zu Fuß die ganze Welt bereisen oder einfach nur das tun, was du willst. Und wenn du nicht weißt, was du willst, hast du genug Zeit, alles auszuprobieren.

Ein großer Nachteil ist natürlich, dass irgendwann alle deine Freunde alt werden und sterben. Und nicht nur die - du wirst die gesamte Menschheit überleben. Selbst wenn es in vielen Millionen Jahren immer noch menschliche Wesen auf diesem Planeten gibt, wird die Evolution sie so verändert haben, dass du auf sie wirkst wie Neandertaler auf uns heute. Dann kann es einsam werden.

Vielleicht ist es gar nicht verkehrt, dass wir nicht wissen, wann wir sterben. Wenn das Ende offen ist, ist das doch fast wie unendlich, oder? Nur ohne die Nachteile. Wie siehst du das?

83

Wie können wir sicher sein, dass wir nicht träumen?

Dreiundachtzig

Kneif dich mal! Richtig fest. Tat es weh? Bist du aufgewacht?

Falls du nicht aufgewacht bist, kann das doch nur bedeuten, dass du noch schläfst, oder? Es kann natürlich auch heißen, dass du schon beim Kneifen wach warst. Das ist wahrscheinlicher.

Es könnte auch sein, dass du nur geträumt hast, du würdest ein Buch lesen, in dem steht, dass du dich mal kneifen sollst. Und auch der Kneif-Schmerz könnte nur ein Teil dieses Traums sein.

Das Schöne - manchmal auch das Schlimme - an einem Traum ist, dass er sich echt anfühlt. Und doch gibt es Unterschiede zur Wirklichkeit. Es fällt mir zum Beispiel schwer, im Traum zu lesen. Es ist, als würden die Buchstaben ihre Form verändern oder sich sogar auflösen. Ganz deutlich wird es, wenn ich im Traum versuche, ein und denselben Text zweimal kurz hintereinander zu lesen. Das ist so gut wie unmöglich.

Alles, was wir in Träumen sehen, muss unser Gehirn selbst erzeugen - meist ohne Reize von außen. Ein Bild mit vielen Details, wie zum Beispiel Buchstaben, kurz hintereinander genau gleich hinzubekommen, ist für unser Gehirn sehr schwierig. Es wird in diesen Bildern immer kleine Veränderungen geben. Wenn du das bemerkst, könnte es ein guter Hinweis sein, dass du träumst.

Umgekehrt kannst du es auch versuchen. Deine Handinnenfläche hat viele Linien und Details. Schau jetzt auf die Innenfläche deiner Hand, dann schau woanders hin, dann wieder auf deine Hand! Wenn sie sich nicht verändert hat, bist du wach. Höchstwahrscheinlich. Denn könnte es nicht auch sein, dass du irgendwann richtig aufwachst und feststellst, dass dein ganzes Leben ein riesiger Traum war?

Aber zumindest kennst du jetzt eine Alternative zum Kneifen.

84

Wenn du im Schlaf von einer exakten Kopie ersetzt werden würdest, meinst du, du würdest merken?

Vierundachtzig

Wenn du im Schlaf von einer Kopie ersetzt werden würdest, die bis auf die winzigste Zelle genau dir entspräche - ich glaube, du würdest es nicht merken.

Alles, was du denkst und kennst, dein Gefühlsleben und deine Erinnerungen entstehen durch Millionen unterschiedlicher Nervenverbindungen im Gehirn. Wenn auch diese Muster mitkopiert worden sind, dann ist die Kopie genau wie du und du bist die Kopie.

Könnte es sein, dass der Austausch vielleicht schon passiert ist? Möglicherweise sogar mehrmals? Das kommt darauf an, ob unser Bewusstsein tatsächlich nur eine Folge davon ist, wie unser Gehirn arbeitet. Gibt es so etwas wie eine Seele, die unabhängig vom Körper ist? Das Bewusstsein jedenfalls ist uns total vertraut. Wir kennen es, weil wir es jeden Tag erleben, aber gleichzeitig wissen wir nicht, wie es entsteht. Dazu gibt es von Philosophie und Naturwissenschaft noch keine zufriedenstellende Antwort.

Aber zurück zu deiner exakten Kopie. Ich habe eine Überraschung für dich: Dein Körper ist nicht so alt, wie du vielleicht denkst. Ja, du bist nicht mehr das Original. Also zumindest in Teilen.

Unser Körper besteht aus einer Unmenge winziger Zellen, die alle verschiedene Aufgaben haben. Es gibt Zellen für Blutkörperchen, für Knochen, für Muskeln - für alles im Körper. Diese Zellen werden regelmäßig ausgetauscht: Neue Zellen werden gebildet, alte Zellen sterben ab. Manche Zellen - zum Beispiel im Magen - erneuern sich fast wöchentlich, die obere Schicht der Haut etwa jeden Monat, Knochenzellen ungefähr alle 10 bis 15 Jahre. Es gibt auch Zellen, beispielsweise in deinem Gehirn, die hast du, seitdem es dich gibt.

Bleibt die Frage: Seit wann gibt es dich?

85

Was ist das beste Versteck, das du je hattest?

Fünfundachtzig

Rate mal, was mein Lieblingsfest ist! Ostern. Dann verstecke ich überall Schokoeier. Manchmal liegen die Eier direkt vor den Augen von allen, die sie suchen. Hin und wieder kommt es aber auch vor, dass ich Wochen später ein nicht gefundenes Ei entdecke und mich sehr freue. Erstens, weil das Versteck so gut war. Und zweitens, weil ich überraschenderweise Schokolade essen kann.

Was versteckst du normalerweise? Süßigkeiten? Geld? Dich selbst? Bist du ein guter Verstecker? Ich kann mir vorstellen, dass es dir nicht leicht fällt, von deinem besten Versteck zu erzählen. Denn Verstecke sollten geheim bleiben, damit sie weiter gute Verstecke sind. Oder kannst du dir vorstellen, dass es Verstecke gibt, von denen jeder weiß, die aber trotzdem unglaublich gut funktionieren?

Ich besaß mal ein Hemd, das genau das gleiche wilde Muster wie die Tapete in meinem Zimmer hatte. Wenn ich mich vor die Wand stellte und mich nicht bewegte, war ich fast unsichtbar. Obwohl ich mich nicht im klassischen Sinn versteckt hatte, blieb ich unentdeckt. Der Künstler Liu Bolin hat diese Art des Versteckens perfektioniert: Er bemalt sich so, dass er in seiner Umgebung verschwindet. Es gibt auch Tiere, die sich auf diese Weise verstecken. Zum Beispiel Wandelnde Blätter, das sind Insekten, die aussehen wie Blätter. Oder Fetzenfische, Verwandte der Seepferdchen, die von Algen fast nicht zu unterscheiden sind. Diese Art des Versteckens ist eine besondere Tarnung, die „Mimese“ genannt wird.

Wo und wann versteckst du dich am liebsten? Stell dir vor, du hast so ein gutes Versteck für dich, dass du dich nicht mehr wiederfindest.

86

Lieber hohe oder tiefe Töne?

Sechsundachtzig

Spielst du ein Instrument? Wenn ja: Hast du es dir selbst ausgesucht? Wenn nein: Welches Instrument würdest du am liebsten lernen? Klingt dieses Instrument hoch oder tief?

Während meiner Schulzeit habe ich im Schulorchester mitgespielt. Weil ich damals schon ziemlich groß war, drückte mir meine Musiklehrerin den Kontrabass in die Hand - und ich kippte erst mal um, denn Kontrabässe sind riesige Geigen, die man kaum gehoben bekommt. Ich merkte sehr schnell, dass der Bass und ich gut zusammen passen.

Tiefe Töne finde ich beindruckend. Tiefe laute Töne spürst du im ganzen Körper. Manchmal - wenn die Töne tiefer als tief sind - kannst du sie gar nicht hören, sondern nur spüren. In Versuchen haben Forschende herausgefunden, dass sehr tiefe Töne Gefühle von Angst oder Unbehagen auslösen können bei den Menschen, die sie hören. Damit solche Töne wirken, brauchen sie Platz. Die Schallwelle eines tiefen Tons von 20 Hertz ist ungefähr 17 Meter lang. Je höher die Töne werden, desto kleiner werden die Schallwellen - und desto schmerzhafter finde ich sie. Ganz fies ist das Geräusch, das bei der Zahnsteinentfernung entsteht.

Welche Töne und Klänge magst du? Grollendes Donnern bei Gewitter oder piepsende Vogelstimmen bei Sonnenschein? Lieber Schnurren oder Miauen? Kommt es dir auch so vor, dass die Buchstaben O und U viel tiefer klingen als die Buchstaben I und E? Welche Töne verursachen wohl mehr Aufmerksamkeit - die hohen oder die tiefen?

87

Wofür ist es nie zu spät?

Siebenundachtzig

Anzufangen - dazu ist es nie zu spät.

- Bäume zu pflanzen. Obwohl gesagt wird, der beste Zeitpunkt sei immer vor 10 Jahren gewesen - zumindest der zweitbeste ist jetzt.
- Chocolate Fudge zu essen. Auch wenn Ernährungsberater und Ärztinnen anderes behaupten.
- Danke zu sagen.
- Entschuldigungen zu äußern.
- Freundschaften zu schließen.
- Glück zu finden.
- Hinzufallen und -
- innezuhalten. Pausen tun immer gut.
- Ja zu sagen.
- Klartext zu sprechen.
- Lachanfälle zu starten.
- Mmmh zu machen - mit hochgezogenen Mundwinkeln und geschlossenen Augen. Probier es aus, der Effekt ist erstaunlich.
- Neues zu lernen.
- Oben zu sein.
- Partys zu feiern.
- Quatsch zu machen
- Ralph zu loben.
- Sich zu verlieben.
- Träume zu träumen.
- Umzukehren.
- Vertrauen zu haben. In andere und in dich selbst.
- Wieder aufzustehen.
- XP zu sammeln. Anders gesagt: Erfahrungen zu machen. XP steht für den englischen Begriff „experience points", auf Deutsch „Erfahrungspunkte". Die sammelt man zum Beispiel in Spielen. Sie sorgen dafür, dass sich die Figur, die man spielt, immer weiterentwickelt.
- Yin und Yang zu sein. Das ist das Symbol, das aussieht wie eine schwarze und eine weiße Kaulquappe, die sich ineinander drehen und so zu einem Kreis werden - ganz rund und vollkommen. Yin und Yang stehen für die Gegensätze, die sich ergänzen.
- Zu fragen: Was sind deine Gedanken dazu?

88

Wärst du gern dabei?

Achtundachtzig

Es gibt eine Party, alle gehen hin - nur du hast keine Einladung bekommen. Schlimm. Auch wenn du dir das vielleicht nicht vorstellen kannst, ich weiß genau, wie das ist. Ich kenne das nicht nur von Partys, es ist mir sogar beim Sportunterricht passiert, wenn alle in Teams aufgeteilt wurden und dann loslegen wollten - und ich noch da stand, meine Hand hob und sagte: „Ich wäre auch gern mit dabei." Und erst dann fiel auf, dass der Brillenträger auch mitspielen sollte.

Was ich als Erwachsener auch regelmäßig erlebt habe: Türsteher lassen mich nicht rein. Selbst wenn meine Freundin drinnen auf mich wartet, ich auf der Gästeliste stehe und den Besitzer des Klubs kenne, komme ich am Türsteher nicht vorbei. Nach Jahren der Zurückweisung habe ich mich damit abgefunden. Deshalb war es doppelt lustig, als ich einmal mit Freunden Geburtstag feiern war und wir in einen Klub wollten. Alle kamen rein - nur bei mir sagte der Türsteher: „Nein." Ich kannte die Situation nur zu gut und wusste auch, dass Diskutieren nichts bringen würde. Aber meine Freunde waren hartnäckig und fragten irgendwann: „Warum nicht?"

Der Türsteher antwortete nur: „Ist der Gesamteindruck." Wir haben gelacht und sind alle zusammen wieder gegangen. Inzwischen habe ich keine Angst mehr davor, etwas zu verpassen. Ich weiß, dass ich nicht überall dabei sein kann und dass es immer Orte gibt, an denen mehr los ist als hier bei mir.

Was hast du schon mal verpasst? Warum wärst du gern dabei gewesen? Hast du dann irgendetwas anderes unternommen?

Vielleicht hilft am besten, eine Haltung zu haben wie Groucho Marx. Der wollte keinem Verein angehören, der ihn als Mitglied aufnehmen würde.

89

Lieber reich oder lieber berühmt?

Neunundachtzig

Der Künstler Andy Warhol hat vor über 50 Jahren gesagt, dass in der Zukunft alle für 15 Minuten weltberühmt sein werden. Wir sind auf dem besten Weg. Viele Menschen streben das an.

Es macht was her, wenn du mit Bekannten essen gehen möchtest und auf der Straße von fremden Leuten angesprochen wirst, weil sie gern ein Foto mit dir und deine Unterschrift auf ihrem T-Shirt haben möchten. Es hat echte Vorteile, wenn ihr ins Restaurant kommt, aber alle Tische besetzt sind, und der Kellner dich erkennt und anbietet, dass ihr auf der privaten Dachterrasse des Restaurants essen dürft. Ja, das ist alles erstens sehr schmeichelhaft und zweitens sehr beeindruckend für die, die mit dir unterwegs sind. Diese Art von Wertschätzung ist mit Geld nicht zu kaufen.

Ist das der Grund, warum wir gern berühmt sein wollen? Weil wir möchten, dass andere Menschen uns sehen? Kann das auch anstrengend werden? Es gibt ja nicht umsonst unglaublich viele Zeitschriften, die sich auf Klatsch und Tratsch über Prominente spezialisiert haben.

Der Künstler Banksy hat mal auf einer Skulptur aus Fernsehern geschrieben, dass in der Zukunft alle für 15 Minuten anonym sein werden.

Reichtum kann da sehr viel unauffälliger sein. Niemand muss wissen, wie viel Geld du hast. Du kannst tun und lassen, was du willst. Du kannst dir sogar ganze Restaurants kaufen - und hast so immer einen freien Tisch sicher. Natürlich kann viel Geld auch Angst machen. Zum Beispiel davor, ausgeraubt zu werden. Aber grundsätzlich musst du dir um die Zukunft keine Gedanken machen.

Ist also Reichtum vielleicht doch besser? Womit könntest du die Welt eher verändern? Mit deinem Geld oder deinem Ruhm?

90

Lieber Hitze oder lieber Kälte?

Neunzig

Magst du lieber einen richtig heißen Sommertag, an dem du Eis gar nicht schnell genug essen kannst, weil es sofort schmilzt? Oder magst du lieber einen klirrend kalten Wintertag, bei dem dir die Popel in der Nase gefrieren?

Und wie ist es, wenn es nicht nur für einen Tag ist, sondern für eine ganze Woche? Oder einen ganzen Monat?

Ich mag an Hitzetagen das Licht. Mir gefällt es, in der Hängematte im Schatten eines Baums zu liegen und den Grillen zuzuhören. Wenn ich zwischendurch schwimmen gehen oder sogar den ganzen Tag im Wasser verbringen kann, dann fühlt sich das automatisch wie Ferien an. Heiße Sommertage finde ich meistens sehr entspannend. Ich schwitze zwar - aber das tun ja alle. Nur wenn sich alles irgendwann richtig aufgeheizt hat, dann macht es mir keinen Spaß mehr. Da selbst ein Sprung in den See mir keine Abkühlung mehr bringt, weil das Wasser viel zu warm ist. Je heißer es wird, desto weniger Kleidung trage ich. Irgendwann kann ich allerdings nichts mehr ausziehen - und dann wird es heikel.

Dieses Problem habe ich bei Kälte nicht. Es gibt fast keine Grenze bei der Anzahl der Stoff-Schichten, die ich im Winter tragen kann - solange ich noch bewegungsfähig bin. Ich liebe es, wenn Schnee liegt und die Luft so kalt ist, das mit jedem Ausatmen kleine Wolken entstehen. Hast du schon mal einen Stein auf einen zugefrorenen See geworfen? Wenn der Stein die Eisplatte zum Schwingen bringt, klingt das wie ein Geräusch aus einem Science-Fiction-Film. Und nichts geht über eine Tasse heißen Kakao in eisiger Kälte.

Eigentlich ist es ja wirklich schön, bei zwei ganz verschiedenen Möglichkeiten beide gut zu finden, oder?

91

Wo soll das Haus gebaut werden?

Einundneunzig

Bei „Monopoly“ kann ich nicht verlieren. Und damit meine ich nicht, dass ich irgendwann mit heulender Wut das Spielbrett leer fege, während alle anderen betreten zu Boden gucken. Ich kann nicht verlieren wegen des Würfelzufalls.

In dem Spiel geht es darum, Straßen zu kaufen. Wenn die anderen auf deinen Straßen landen, müssen sie Miete an dich zahlen. Hast du alle Straßen einer Farbe, darfst du auf den Straßen Häuser bauen - und noch höhere Mieten verlangen. Allerdings kosten Häuser Geld. Oft kommt es vor, dass man nur eins kaufen kann. Die Frage ist dann: Wo soll das Haus gebaut werden? Welches Feld wird als Nächstes von den anderen „besucht“. Wenn du das wüsstest, wäre klar, wo du das Haus hinstellst. Dummerweise bestimmen die Würfel, wie viele Felder man gehen darf.

Wenn du mit einem Würfel tausendmal würfelst, wirst du alle Zahlen ungefähr gleich oft bekommen. Die 6 so oft wie die 5 und die 4 und die 3 und die 2 und die 1.

Bei „Monopoly“ wird mit 2 Würfeln gespielt. Mit jedem Wurf bewegst du dich 2 bis 12 Felder vorwärts. Die kleinste Möglichkeit ist 1 & 1, die größte 6 & 6. Wenn du mit zwei Würfeln tausendmal würfelst, werden auch da alle Zahlen ungefähr gleich oft auftauchen. Aber wenn du die Zahlen von zwei Würfen zusammenzählst, kommen die Ergebnisse von 2 bis 12 nicht gleich oft vor. Es gibt nur zwei Möglichkeiten 12 zu würfeln: 6 & 6. Aber es gibt sechs Möglichkeiten, 7 zu würfeln: 1 & 6, 2 & 5, 3 & 4, 4 & 3, 5 & 2, 6 & 1.

Wenn ich mich frage, auf welches Feld ich das Haus bauen sollte, zähle ich einfach ab, wo der nächste Spieler landen würde, wenn er nur 7 würfelt. Funktioniert super. Welche Tricks, die nicht Schummeln sind, kennst du?

92

Kannst du zweimal in denselben Fluss steigen?

Zweiundneunzig

Einmal habe ich mit einem Freund Urlaub in den Bergen gemacht. Es war sehr heiß und wir waren froh, dass wir in der Nähe einen kleinen Bergfluss zum Abkühlen entdeckten.

Als es am nächsten Tag immer noch so heiß war, fragte ich: „Wollen wir wieder zu dem Fluss gehen?“

„Welchen Fluss meinst du?“, war die Antwort. Wie konnte man so ein schlechtes Gedächtnis haben? Ich sagte: „Na - denselben Fluss, in dem wir gestern bis zu den Knien drinstanden. Hier, direkt in der Nähe.“

„Ich glaube, den gibt es nicht mehr“, sagte er.

Bei einigen Freunden muss man manchmal tief durchatmen. Der Fluss war sicher da. So ein Gewässer verschwindet ja nicht einfach über Nacht. Das Ufer war garantiert noch vorhanden, genau wie die großen Steine, über die wir gehüpft waren. Außerdem konnte ich leise das Rauschen des Wassers hören, das von der Quelle irgendwo im Berg durch das Flussbett ins Tal floss. Und beim Gedanken ans Wasser merkte ich, dass der Fluss heute natürlich nicht derselbe war wie gestern. Denn das Wasser war ein anderes Wasser.

Vor etwa 2500 Jahren lebte der Philosoph Heraklit. Er war davon überzeugt, dass sich alles ändert. Ständig. Was hätte Heraklit gesagt? Kann ich zweimal in denselben Fluss steigen? Ist es ein anderer Fluss, weil das Wasser von gestern schon weitergeflossen ist? Oder gehört „fließendes Wasser“ einfach zu einem Fluss dazu? Und wie ist es mit mir? Gestern war ich einen Tag jünger als heute. Bin ich also auch anders? Und kann ich alleine deshalb nicht zweimal in denselben Fluss steigen, weil ich mich auch ständig verändere?

Gibt es auch etwas, das sich nicht verändert? Dein Name zum Beispiel. Und dass kaltes Wasser im Sommer sehr angenehm ist.

93

Welcher Tag sollte dein Murmeltiertag sein?

Dreiundneunzig

In dem Film „Und täglich grüßt das Murmeltier“ spielt Bill Murray den eingebildeten Fernseh-Wetteransager Phil Connors, der in der Kleinstadt Punxsutawney in den USA über den jährlichen Murmeltiertag berichten soll. Er hasst das, macht lieblos seine Moderation und will so schnell wie möglich wieder verschwinden. Doch wegen eines Schneesturms muss er eine weitere Nacht dort verbringen. Am nächsten Morgen ist alles wie am Vortag: Phil erlebt denselben Tag. Wieder und wieder, weil er gefangen ist in einer Zeitschleife.

Wahrscheinlich hätte sich Phil einen anderen Tag ausgesucht, wenn er die Wahl gehabt hätte. Einen Tag, an dem ihm viel Schönes passiert und er nicht darüber berichten muss, ob das Murmeltier seinen Schatten sieht.

Wenn du ein und denselben Tag ständig von vorne erleben müsstest, welchen würdest du dir aussuchen? Deinen Geburtstag, an dem alle Menschen sowieso nett zu dir sind? Einen Ferientag? Oder wäre es dir egal? Wenn du bis in alle Ewigkeit denselben Tag durchlebst, wird es langweilig werden, weil nichts am Ende einen Unterschied macht. Natürlich kannst du nach und nach den Tag zu deinem Tag machen. Irgendwann weißt du auswendig, was wann wo passiert. Du kannst Klavier spielen lernen oder wie man Eisskulpturen schnitzt. Du kannst Menschen das Leben retten und ganz waghalsig dein eigenes aufs Spiel setzen - denn am nächsten Morgen wachst du wieder auf und alles beginnt von vorn.

Ist dir schon mal aufgefallen, wie viel du jeden Tag immer gleich machst? Die Uhrzeit, zu der du aufstehst, was du frühstückst, welchen Weg du zur Schule oder zur Arbeit nimmst. Wir haben schon ganz schön viel Murmeltiertag in unseren Leben, oder?

94

Wenn du dir vor fünf Jahren einen Brief geschrieben hättest, was hätte darin gestanden?

Vierundneunzig

„Lieber Ralph!“

Ich bin immer sehr nett zu mir. Das ist wichtig.

„Ich hoffe, die Zukunft ist gut zu dir. Genauer gesagt, wünsche ich mir - und dir -, dass du gesund bist und Spaß hast. Mehr noch: Es würde mich unglaublich freuen, wenn das, was ich heute vorhabe, dir in Zukunft keine Probleme macht. Ich bin allein zu Hause. Deshalb werde ich heute einen alten Plan in die Tat umsetzen. Ich mache das, wovor mich alle Leute immer in einer Art und Weise gewarnt haben, als würde es meinen sicheren Tod bedeuten: Ich werde gleich Teig für Marmorkuchen zusammenrühren und dann die komplette Schüssel leer essen. Nur rohen Teig. Wenn du diesen Brief liest, ist alles gut gegangen. Wir sind verrückt. Weiter so!

Dein Ralph“

Ich muss jetzt noch lachen - das war der beste Kuchen, den ich nie gebacken habe. Mir war danach ein bisschen schlecht, aber ich würde es jederzeit wieder tun.

Es ist natürlich einfach, diese Frage zu beantworten, wenn du dir tatsächlich vor fünf Jahren einen Brief geschrieben hast. Falls du damals schon schreiben konntest. Fünf Jahre sind für einen Menschen, der jetzt erst zehn ist, die Hälfte seines Lebens! Wenn du jetzt 15 bist, hast du in den letzten fünf Jahren immerhin ein Drittel deines Lebens verbracht. Das muss man sich mal vorstellen. Kein Wunder, dass einem die Kindheit so lange vorkommt, je älter man wird.

Haben sich in dieser Zeit deine Pläne geändert? Was ist mit deinem Musikgeschmack? Mit den Sachen, die du anziehst? Willst du immer noch das Gleiche? Oder kommst du dir jetzt total anders vor? Und was würdest du heute deinem Ich in fünf Jahren schreiben?

95

Was würdest du tun, wenn dein Haustier plötzlich sprechen könnte?

Fünfundneunzig

Hast du ein Haustier? Ich habe eine Katze und einen Hund, mit denen ich oft rede. Beispielsweise sage ich „gut gemacht", „fein" und „Spuck die Katze aus!" Und natürlich sage ich die Wörter, die wir für die unterschiedlichsten Tricks ausgemacht haben: „Sitz!" und „Platz!" können beide hervorragend. (Ja, auch die Katze.) „Beinchen" macht nur mein Hund. (Das ist mein Lieblingstrick. Dabei geht er an die nächste Ecke, hebt sein Bein und tut so, als würde er pinkeln. Sehr lustig, wenn wir irgendwo zu Besuch sind.)

Außerdem erzähle ich meinen Tieren auch, wen ich mag, wen ich nicht mag, wer mich geärgert hat, wen ich geärgert habe und die ganzen Peinlichkeiten, die mir so passieren und die ich einfach berichten und loswerden muss. Meine Tiere haben alles gehört.

Die beiden bekommen auch mit, wenn ich nachts die Schokolade wegesse und am nächsten Morgen so tue, als wäre es jemand anders gewesen. Und ich kann gar nicht zählen, wie oft ich meinen Tieren schon in die nicht vorhandenen Schuhe geschoben habe, dass sie wichtige Unterlagen von mir gefressen hätten. Wenn es Lebewesen gibt, die alles über mich wissen, die meine tiefsten Geheimnisse erfahren haben, dann sind es meine Haustiere.

Hast du ein Tier? Was erzählst du ihm? Benutzt du es als Entschuldigung für nicht erledigte Arbeiten oder für Unpünktlichkeit? Willkommen im Klub!

Was würdest du tun, wenn dein Haustier plötzlich sprechen lernt? Würdest du dich freuen? Oder hättest du ein bisschen Angst, dass es anderen deine Geheimnisse verrät? Wärst du froh, weil du endlich auch mal zuhören könntest und erfahren würdest, was dein Tier in Wirklichkeit am liebsten frisst?

96

Wenn dir die Kosten egal sein könnten, welchen großen Streich würdest du spielen?

Sechsundneunzig

Es gibt einen Menschen, den ich gerne hereinlegen möchte, der sich aber von mir nicht so ohne Weiteres einen Streich spielen lässt. Ich rede von - mir selbst.

Ich stelle mir den Streich so vor: Ich wache morgens auf und der Radiowecker spielt nur Musik. Keine Stimmen reden dazwischen. Ich gehe in die Küche, frühstücke und wundere mich, dass ich alleine bin. Ich schaue durchs Fenster auf die Straße: Keine Autos fahren, kein Mensch auf dem Fahrrad oder zu Fuß unterwegs. Etwas verunsichert schaue ich auf den Kalender, aber es ist nicht Sonntag, sondern ein ganz normaler Arbeitstag. Auf dem Weg ins Büro und im Büro selbst treffe ich keinen anderen Menschen. Ich bin komplett alleine. Die ganze Stadt ist ruhig und leer. Ausgestorben. Als es Abend wird und kein Licht angeht, bekomme ich ein mulmiges Gefühl. Und dann - pünktlich um Mitternacht gibt es ein Feuerwerk, alle kommen wieder aus ihren Verstecken und singen zusammen den Michael-Jackson-Klassiker „You are not alone“. Und dann erst würde mir wieder einfallen, dass ich mir das ja alles selbst ausgedacht und es vor sehr langer Zeit organisiert habe. Das alles hinzubekommen, wäre unglaublich teuer.

Welchen Streich würdest du spielen wollen? Hast du dich schon mal selbst hereingelegt? Es gibt zum Beispiel den Trick, nicht hungrig einkaufen zu gehen. So verhinderst du, dass vor allem Chips und Süßigkeiten im Einkaufswagen landen. Ein weiterer Trick ist, vor dem Shoppen ein paar Gläser Wasser zu trinken. In einer wissenschaftlichen Studie wurde nämlich festgestellt, dass Menschen, die auf Toilette müssen, auch beim Geldausgeben zurückhaltender sind. Legen wir uns öfter selber rein, als wir denken? Was meinst du?

97

Stehst du immer in der falschen Schlange im Supermarkt?

Siebenundneunzig

Jedes Mal, wenn ich beim Einkaufen zum Bezahlen gehe, frage ich mich: In welcher Schlange geht es jetzt wohl am schnellsten? Meistens finde ich sehr treffsicher die falsche Schlange.

Es ist ja auch kein Wunder. Angenommen es gibt fünf geöffnete Kassen. Nur eine dieser Kassen hat die Schlange, in der es am schnellsten vorangeht. Das bedeutet, vier Schlangen sind die schlechtere Wahl. Die Chance, eine der langsamen zu erwischen, ist also viermal so hoch. Oder anders: Wenn ich fünfmal einkaufen gehe, erwische ich rein statistisch viermal eine Schlange, in der es langsamer vorangeht als in der einen schnellsten. Sehr beruhigend - ich stehe also nicht immer falsch.

Natürlich gibt es eine Wissenschaft der Warteschlangen. Und es gibt eine Lösung für das Problem der unterschiedlich schnellen Schlangen im Supermarkt. Sie ist so einfach, dass ich mich frage, warum nicht jeder Supermarkt sie umsetzt: Es gibt nur eine lange Schlange. An der stellen sich alle an. Der Mensch, der an der Reihe ist, geht einfach zur nächsten freien Kasse. Sehr gerecht, sehr schnell und niemand muss sich ärgern. Das Problem ist, dass wir Menschen uns nicht so gerne vorschreiben lassen wollen, an welcher Schlange wir uns anstellen sollen. Wir wollen unser Glück selbst in die Hand nehmen. Außerdem sieht eine große Schlange immer viel Furcht einflößender aus als fünf kleinere. Es leuchtet den meisten Menschen nicht ein, dass sie in dieser einen Schlange trotzdem viel schneller vorwärtskommen würden.

Verrückt, oder? Die falsche Entscheidung an der Supermarktkasse ist, dass man sich entscheiden darf. Seitdem ich das weiß, stelle ich mich immer da an, wo die Leute am freundlichsten aussehen.

Und du?

98

Das Ende ist nah – was würdest du anders machen?

Achtundneunzig

Das Ende ist tatsächlich sehr nah: Willkommen im vorletzten Kapitel. Aber mit der Frage meine ich natürlich das Ende der Welt. Keine Ahnung, ob das nah ist. Aber es könnte zum Beispiel sein, dass die NASA (ha, ha, Nahsa) einen Asteroiden entdeckt, der in einem Monat mit der Erde zusammenstoßen wird und - wie damals bei den Dinosauriern - alles Leben auslöscht. Was würdest du ab sofort anders machen?

Würdest du andere Kleidung tragen? Oder jetzt immer zu deiner Meinung stehen? Endlich aufhören mit Geigen-Unterricht? Oder nur noch mit den Menschen zusammen sein, die dir etwas bedeuten? Es gibt so einiges, was man tut, ohne wirklich dahinterzustehen. Man trifft Entscheidungen, die man später bedauert.

Bedauern ist ein eigenartiges Gefühl. Wenn wir auf der Welt anfangen, haben wir die Möglichkeit tausend verschiedene Leben zu führen. Aber wir leben nur eins. Deshalb haben wir manchmal das Gefühl, dass jede getroffene Entscheidung unsere Möglichkeiten verringert hat. Und das kann man gut bedauern. Vor allem, wenn wir uns vorstellen, was uns alles Großartiges möglich gewesen wäre. Ich hätte zum Beispiel statt Basketball doch Ballett gemacht.

Hättest du schon mal gern eine Entscheidung rückgängig gemacht? Oder bist du im Großen und Ganzen zufrieden? Kann es manchmal auch gut sein, Entscheidungen zu bedauern, weil man dadurch vielleicht Fehler in der Zukunft vermeidet? Oder sollte man nicht zu sehr über die anderen Leben nachdenken, sondern sich einfach über das Leben freuen, das man hat?

Das Schöne ist ja: Etwas anders zu machen, geht eigentlich immer. Dafür muss das Ende nicht nah sein.

99

Wenn du wüsstest, dass es nicht schiefgehen würde – was würdest du in Angriff nehmen?

Neunundneunzig

Denk ruhig für einen Moment nach. Was würdest du gern machen? Ist es vielleicht eher etwas Unspektakuläres, wie dein Zimmer aufzuräumen? Ist es etwas Schwieriges, wie Isländisch zu lernen? Oder etwas Unmögliches, wie in einen Vulkan zu springen und zum Mittelpunkt der Erde zu reisen? Oder möchtest du vielleicht einen Weltbestseller schreiben? Oder Musik machen, Bilder malen, an der Börse Geld verdienen? Es gibt so vieles, was man machen kann, dass man schnell den Überblick verliert. Nur eins verliert man selten: Die Angst davor, zu scheitern.

Diese Angst ist echt gemein, weil sie sofort jeden Plan kaputt macht. Denn wir Menschen haben oft eine blühende Fantasie und können uns in den schrecklichsten Farben ausmalen, wie alles schiefgeht. Aber was kann im schlimmsten Fall passieren?

Stell dir vor, zu Hause in der Küche duftet ein frisch gebackener Kuchen. Jetzt hast du kein Stück Kuchen, möchtest aber eins haben. Wenn du fragst und als Antwort „Nein“ bekommst, hast du nichts verloren - du hast immer noch kein Stück Kuchen. Wenn du fragst und als Antwort „Ja“ bekommst, hast du gewonnen - nämlich ein Stück Kuchen. Das heißt, du kannst nicht verlieren, sondern nur gewinnen. Das ist doch eigentlich sehr beruhigend, oder?

So ist mit den meisten Dingen, die du machen möchtest. Selbst wenn es schiefgeht, hast du am Ende zumindest etwas Erfahrung gewonnen. Und je mehr Erfahrung du hast, desto weniger Furcht einflößend wird die Angst vorm Scheitern. Ich spreche da aus - Erfahrung.

Was würdest du in Angriff nehmen, wenn du keine Angst davor hättest, dass es schiefgeht?

Dabei wünsche ich dir viel Spaß.

Zitierte Literatur

(Alle Links wurden letztmalig abgerufen am 17.Februar 2021)

1 William Shakespeare: „Hamlet", zweiter Akt, zweite Szene; in „Shakespeares sämtliche Dramatische Werke" in 12 Bänden, Band 7–9, in der Übersetzung von A. W. von Schlegel und L. Tieck. A. Warschauer Verlag, Berlin o. J.

2 Neugierig, warum? Schau mal hier: https://www.urbandictionary.com/define.php?term=Ralph. Das ist sehr lustig. Zumindest war es das, als ich zuletzt im Frühjahr 2021 nachgesehen habe.

3 Zitiert nach: Jakobus 1, 17; in Textbibel des Alten und Neuen Testaments, von Emil Kautzsch, Carl Heinrich Weizsäcker, o. O., 1899; vgl. https://bibeltext.com/text/james/1.htm.

Impressum

Bibliographisches Institut GmbH, Mecklenburgische Straße 53, 14197 Berlin
Dieses Werk wurde vermittelt durch die Montasser Medienagentur, München.

Redaktion und Lektorat Susanne Klar
Herstellung Alfred Trinnes
Layout Veronika Neubauer
Satz L101 Mediengestaltung, Fürstenwalde
Umschlaggestaltung 2issue, München
Umschlagabbildung © Ralph Caspers
Druck und Bindung AZ Druck und Datentechnik GmbH,
Heisinger Straße 16, 87437 Kempten

Printed in Germany

ISBN 978-3-411-74745-0
Auch als E-Book erhältlich unter ISBN 978-3-411-91347-3
www.duden.de

PEFC zertifiziert
Dieses Produkt stammt aus nachhaltig bewirtschafteten Wäldern und kontrollierten Quellen.

www.pefc.de